Anonymous

Trauriges Schicksal der Churfürstlichen Residenz-Stadt Mannheim

von deren Einnahme durch die Franzosen den 20. Sept. 1795

Anonymous

Trauriges Schicksal der Churfürstlichen Residenz-Stadt Mannheim
von deren Einnahme durch die Franzosen den 20. Sept. 1795

ISBN/EAN: 9783743439115

Hergestellt in Europa, USA, Kanada, Australien, Japan

Cover: Foto ©ninafisch / pixelio.de

Manufactured and distributed by brebook publishing software
(www.brebook.com)

Anonymous

Trauriges Schicksal der Churfürstlichen Residenz-Stadt Mannheim

Trauriges Schicksal

der

Churpfälzischen Residenz-Stadt

Mannheim

von

deren Einnahme durch die Franzosen

den 20ten September 1795

biß zur Wiedereroberung von dem Kaiserl.
General-Feldmarschal-Lieutenant Herrn
Grafen von Wurmser

den 22ten November 1795

und was nachher darauf erfolget ist,

In

einem Tagebuch

zusammengetragen.

---

1 7 9 5.

Mannheim — das so schöne und prächtige,
in einer wahrhaft paradiesischen Gegend
liegende Mannheim. — Die Residenz-Stadt der
Churfürsten von der Pfalz — der Lieblings-Aufent-
halt der unvergeßlichen, höchstseeligen Churfürstin,
Elisabetha Augusta — der zeitherige Sitz der
ganzen Herzoglich-Zweybrückischen Familie — der
Verwahrungs- und Zuflachts-Ort vieler Millionen
Güter, und vieler tausend Bewohner des linken
Rheinufers. — Mannheim, welches im Jahr
1622 durch den baierischen General Grafen von
Tilly vieles gelitten, und im Jahr 1688 durch den
französischen Wütterich, Melac, schon einmal ganz
zu einem Stein- und Aschenhaufen war gemacht
worden, hat leider die traurigen Folgen des gegenwärtigen französischen Revolutions-Krieges, in voller Maaße erfahren.

Nicht allein die ganze pfälzische Gegend des linken Rheinufers kame nach und nach in französische

Hände,

Hände, und wurde durch angesezte Contributionen und oftmalige Plünderungen fast gänzlich ruiniret, sondern auch das gute Mannheim hatte zu Ende des vorigen 1794sten Jahres, den 24sten Dec. bei Einnahme der Rheinschanze, ein starkes und fürch, terliches Bombardement auszustehen, durch welches eine grose Anzahl Häuser, theils stark, theils minder beschädiget, auch einige Einwohner getödtet und verwundet wurden.

Von dieser Zeit an, war die Passage über den Rhein gehemmet, und da die Franzosen die Rhein, schanze demolirten, und neue Batterien gegen hie, sige Stadt anlegten, so sahe man nur traurigern Folgen entgegen, die auch, leider allzu früh eintra, fen, wie nachfolgende Geschichtserzehlung zeigen wird.

Da die Franzosen an ihren neuen Batterien unun, terbrochen fortarbeiteten, (wozu viele 100 Bürger und Bauern des linken Rheinufers helfen mußten) und solche im Monat September dieses Jahrs 1795 zu Ende gebracht, auch die allhier gelegene Kaiserl. Trup, pen, ihr schweres Geschütz von den hiesigen Wällen ab- und nach Constanz am Boden-See fortgeführt hat, ten, so forderte der französische General Pichegrü den 19ten September die hiesige Stadt und Festung durch einen Trompeter auf, mit dem Bedeuten:

„ Daß

„ Daß wann bis zur beſtimmten Stunde ſolche
„ nicht übergeben würde, die Stadt und Fe-
„ ſtung mit Bomben und glühenden Kugeln
„ ſollte beſchoſſen werden."

Dieſe gewiß traurige Nachricht, welche ſich ſogleich in der ganzen Stadt verbreitete, ſezte alle gut-
geſinnte Bürger und Einwohner in nicht geringe Angſt
und Schrecken. — Nur ein Theil davon verlohr die
Heiterkeit ſeines Geſichtes nicht.

Nach dieſer geſchehenen franzöſiſchen Aufforderung
wurden ſogleich alle Vertheidigungs-Anſtalten, von
dem hieſigen Herrn Gouverneur von Belderbuſch
und dem Stadt-Commandanten, Herrn Generalmajor von Deroy gemacht, auch mit Zuziehung des
Churfürſtl. Miniſters, Herrn Grafen von Oberndorf, groſſer Kriegsrath gehalten. Da aber der
gute Landes-Vatter, Carl Theodor, keineswegs
geſinnet geweſen ſein mußte, ſein gutes Mannheim
einem zweyten Bombardement auszuſetzen, welche
Churfürſtliche Geſinnung dem ebenbelobten Herrn
Grafen von Oberndorf wohl wird bekannt geweſen ſein, ſo ward zu Unterhandlungen geſchritten,
und den 20ten September, Morgens um 4 Uhr folgende Kapitulation geſchloſſen:

A 3   Kapi-

Kapitulation

welche zwischen Sr. Excellenz dem Herrn Grafen von Obendorf, Staats=Minister Sr. Chur= fürstlichen Durchlaucht von der Pfalz, Sr. Er= cellenz dem Herrn Gouverneur, Freyherrn von Belderbusch und dem Kommandanten der Festung, Generalmajor von Deroy auf einer, und zwischen dem Herrn General en Chef der französischen Armee, Pichegrü, auf der an= dern Seite geschlossen worden ist.

1) Die Festung Mannheim wird morgen um 10. Uhr des Morgens den Truppen der französi= schen Republik ihre Thore öfnen. Die Rhein= brücke wird auf der Stelle wieder hergestellt, und die äussern Posten und Aussenwerke von den französischen Truppen besezt.

Antwort. Die Frist um 10. Uhr ist zu kurz: die Aussenwerke werden erst heute um 4 Uhr von den französischen Truppen besezt, mit der Bemerkung, daß es den französischen Truppen obliegt, für die Wiederherstellung der Brücke zu sorgen, zu welchem Ende man alle Pontons hergeben wird, die nicht durch den Eisgang ge= litten haben.

2) Es werden von beiden Seiten Kommissarien ernannt werden, um den Zustand des Zeug=
hauses

haufes und der Bewafnung der Feſtung aufzu-
nehmen, welche in dem nemlichen Zuſtand bei
dem Definitivfrieden wieder zurück gegeben
werden wird.

Antwort. Zugeſtanden, jedoch mit der Ein-
ſchränkung, daß die Magazine der Lebensmittel und Fourage, alles Kriegsgeräthe und andere militäriſche Effecten, ſo wie auch die Magazine, die ſich in den benachbarten Ortſchaften befinden, und Sr. Churfürſtl. Durchlaucht
zugehören, gleichfalls in gegenwärtigem Artikel mit begriffen ſeyen, als weswegen man ſich
völlig auf die Redlichkeit der franzöſiſchen Nation verläßt.

3) Es ſtehet allen Magiſtratsperſonen und der
ganzen Dienerſchaft Sr. Churfürſtl. Durchl. ſo
wie dem Herzoge von Zweybrücken und allen
denjenigen, welche bey demſelben in Civildien-
ſten ſtehen, frey, in der Stadt zu bleiben, oder
dieſelbe nach ihrem Gutbefinden zu verlaſſen.

Antwort. Zugeſtanden.

4) Die dermalige Beſatzung wird 24 Stunden
nach dem Datum gegenwärtiger Kapitulation
mit Waffen, Bagage und allen Kriegsehren
ausziehen, um ſich hin zu begeben, wohin es
ihr gut dünkt. Diejenigen pfälziſchen Soldaten, welchen ihre Obern Urlaub bewilligen wol-

A 4   len,

len, um auf das linke Rheinufer zu gehen, werden Päſſe von dem franzöſiſchen Etat-Major erhalten.

Antwort. Die dermalige Garniſon wird 24 Stunden nach dem Datum gegenwärtiger Kapitulation ausmarſchieren, und ſich in die Churfürſtl. Staaten zurückziehen. Man verlangt unterdeſſen, 1) daß ihr bewilligt werde, zwei 6pfündige Kanonen auf jedes Bataillon mitzunehmen; 2) daß die Kranken, die nicht mit der Garniſon ausziehen können, nach ihrer Geneſung derſelben nachfolgen dürfen, und bis dahin in den Churfürſtl. Spitälern von den Vorgeſezten, welche man darinn zurück laſſen wird, verpflegt werden. Man wird die nöthigen Fuhren für den Transport der Bagage der Officiere hergeben. Im Fall, daß dieſe Fuhren nicht in hinreichender Zahl ſollten können geliefert werden, können die zurückbleibenden Effecten im Verfolg und nach Bequemlichkeit fortgeſchaft werden, zu welchem Ende von jedem Corps ein militäriſcher Agent zurück bleiben wird, um Sorge dafür zu tragen.

Addi-

Additionalartikel,

welche von Seiten des im Namen Sr. Churfürstl. Durchl. contrahirenden Theils vorgeschlagen worden sind.

1) Die Churfürstl. Truppen, welche sich in dem Lande befinden, sind gleichfalls in gegenwärtiger Kapitulation begriffen, und dürfen von den französischen Truppen weder feindlich behandelt, noch zu Kriegsgefangenen gemacht werden.
Antwort. Zugestanden, unter der Bedingung, daß sie in keinem Fall dem Marsche der französischen Truppen Hindernise in den Weg legen, und daß sie nach Maasgabe, wie die französische Truppen vorrücken, sich zurück ziehen.

2) Die von den französischen Truppen besezten pfälzischen Lande, so wie auch die Herzogthümer Jülich und Berg, werden als neutral angesehen, und es können ihnen aus diesem Grunde weder Contributionen, noch Requisitionen, noch andere Lasten auferlegt werden, desgleichen wird der ruhige Besiz alles Privateigenthums zugesichert. Dieser Artikel erstreckt sich auch auf alle Effecten und Güter, welche Sr. Durchl. dem Herrn Herzoge von Zweybrücken und allen Personen seines Gefolges zugehören.

Ant»

Antwort. Da dieſer Artikel in keiner unmittelbaren Verbindung mit dem Militär ſtehet,
ſo iſt er nicht von meiner Competenz, und ich
kann ihm nicht meine Zuſtimmung geben; er
muß den Repräſentanten bei der Armee vorgelegt werden.

Es ſteht weder dem General, noch den Volksre-
präſentanten zu, in Anſehung ſolcher Länder,
die von andern Armeen der Republik beſezt ſind,
eine Uebereinkunft zu treffen, und die Neutralität
kann daher nur für die von der Rhein= und Moſel-
armee beſezten Länder zugeſichert werden. Eben
ſo wenig kann von den Gütern und Effecten
Sr. Herzogl. Durchl. von Zweybrücken anders
die Rede ſein, als in ſo fern ſie auf dem rech=
ten Rheinufer liegen.

3) Die Magiſtrate und Civilbehörden fahren in
ihren Verrichtungen und in Beſorgung der An-
gelegenheiten des Landes fort.

Antwort. Bewilligt für alle, welche von Sr.
Churfürſtl. Durchl. abhängen.

4) Kein Einwohner wird in der freien Ausübung
der verſchiedenen im Lande üblichen Arten des
Gottesdienſtes geſtört werden.

Antwort. Zugeſtanden.

5) Die

5) Die während des Krieges gemachten Gefangenen werden zurück gegeben.

Antwort. Zugestanden.

Geschlossen zu Mannheim,
den 20ten Sept. 1795.

Unterzeichnet.

Fr. Graf von Oberndorf.

Belderbusch, Gouverneur.

von Deroy, Generalmajor und
Kommandant.

Sonntags, den 20ten September.

Da laut oben stehender Kapitulation die ganze
Garnison Mannheim verlassen mußte, so zogen
diesen Mittag um halb 12 Uhr, die wenigen Kaiserl.
Truppen, die hier lagen, sowohl Cavallerie als
Infanterie, mit ihrem sämtlichen Gepäcke aus, bei
welcher Gelegenheit ein Kaiserl. Offizier, von einigen seiner guten Freunde folgenden bedenklichen Ab-
schied nahm:

„ Behüte euch Gott! — Ich wollte, ich könn-
„ te euch mit mir nehmen, dann ich bedaure
„ euch. — Wir kommen bald wieder, und da
„ werden wir euch warm machen.“

In wie fern dieser tapfere Offizier wahr prophe-
zeyhet, werden wir in der Folge sehen. Gegen
Abend

Abend um 5 Uhr wurden einige Bataillons französi-
fischer Truppen, in Schiffen über den Rhein herüber gefahren, die sogleich die Aussenwerker besezten.

Montags den 21ten September.

Heute rükten die zur Besatzung der Stadt bestimmten französischen Truppen hier ein, und besezten die
Thore und die übrigen Posten. Hier muß ich aber
nicht vergessen zu melden, daß man bei ihnen das
heitere und muntere Wesen nicht bemerkte, das
man sonsten bei ihrem Einrücken in andern Städten
und Orten sahe. Keinem hörte man Ca ira fingen,
noch Vive la Nation rufen, ja viele sagten
öffentlich:

„ Der Uebergang über den Rhein wäre ihr
„ Grab. "

Den heutigen ganzen Tag waren die Franzosen
mit Schlagung einer Schiffbrücke über den Rhein
beschäftiget, womit sie gegen Abend fertig wurden
Diesen Nachmittag ist folgende Proclamation in deutsch
und französischer Sprache hier angeschlagen worden:

Mannheim, am 5ten Complementartag im 3ten Jahr, der ein- und untheilbaren Frankenrepublik.

Die Volksrepresentanten bei der Rhein- und Mofelarmee unterrichtet, daß viele Pfälzer Soldaten
sich

ſich an ihren General gewendet haben, um von den-
ſelben einen beſtimmten Urlaub zu erhalten, damit
ſie auf das linke Rheinufer zurückkehren können, wo
der Ackerbau gänzlich an Arbeitern mangelt, um ihre Familie zu erleichtern, und ihre Güter zu bear-
beiten, welche ſeit dem Ausbruch des Krieges voll-
kommen vernachläßiget worden; Bereit den Bewoh-
nern der Pfalz einen neuen Beweiß der menſchlichen
und wohlwollenden Geſinnungen zu geben, welche
der fränkiſchen Nation eigen ſind: Beſchließen

Art. 1. Jeder pfälzer Soldat, Sohn, oder Dienſt-
    mann eines Feldbauers, oder Handwerkers,
    der ſeinen Urlaub erhalten haben wird, kann
    auf das linke Rheinufer nach Haus zurück keh-
    ren, er wird zu dieſem Ende von dem franzöſi-
    ſchen Etat-Major des Platzes einen Paß er-
    halten.

Art. 2. Jeder pfälzer Einwohner kann ſich auf
    das linke Rheinufer begeben, um dort ſeiner
    Geſchäfte zu pflegen. Er kann vermög der
    Kapitulation, in Beſitz ſeiner Güter bleiben,
    wofern er nicht adelich, Pfarrer, Mönch, Beam-
    te, oder Agent der ehemaligen Fürſten, Re-
    gierungen oder Kapiteln iſt; — Jedoch können
    dieſe leztern der nemlichen Vorzüge genießen,
    wenn ſie dazu eine Authoriſation der Volksre-
    preſentanten haben, welche aber in jedem Fall
                                        dem

dem Interesse der Republik nicht entgegen seyn soll.

Die Volksreprefentanten bei der Rhein - und Mofelarmee.

Unterzeichnet Rivaud, und Merlin von Thionville.

Dem Original gleichlautend Haufer, Secrétair interprète.

Diesen Abend um 5 Uhr wurden die Churpfälzi-sche Truppen auch an der hiesigen Hauptwacht auf dem Markt von den Franzofen abgelöfet, welches gewiß traurig anzufehen war.

Dienstags den 22. September.

General Pichegrü, der gestern Abend allhier angekommen, hat heute die Gegend recognoscirt. Jngleichen ist die pfälzische Garnison mit allen Kriegs-ehren ausgezogen, hat aber wegen Mangel an Pfer-den, die meisten Bataillons - Stücke zurück lassen müssen. Das übrige Geschütz, nebst allen zur Fe-stung gehörigen Gegenständen, ist zurückgeblieben, muß aber einem darüber gefertigten Verzeichnisse gemäß, nach dem Frieden wieder in dem nämlichen Zustand, worinn es den Franzofen übergeben worden ist, zurückgeliefert werden. Seitdem die Rheinbrü-cke stehet, kommen stündlich französische Truppen,

Gepäck

Gepäck und einiges Geschütz hier an, die aber gleich
wieder weiter marschirten, und sich gegen Heidelberg zogen, wo sich ein beträchtliches Kaiserl Magazin befindet, das man aber schon vor einigen Tagen zu leeren angefangen hat. Die Kaiserl. Truppen in der Gegend von Bruchsal haben sich weiter herunter gezogen, und hatten gestern, sowohl dies als
jenseits des Neckars, ihre Vorposten ganz nahe bei
hiesiger Stadt, dahero es auch zu verschiedenen ma-
len zu Plänkeleyen mit den französischen Vorposten
gekommen ist. Heute wurde folgende Proclamation,
in deutsch- und französischer Sprache allhier angeschlagen.

Freiheit   Gleichheit

Im Hauptquartier zu Mannheim, den 1ten
Vindemaire, (22. Septemb.) in dem
dritten Jahre der einen und untheilbaren
Republik.

Die Volksrepräsentanten Rivaud und
Merlin von Thionville, bei der Rhein-
und Moselarmee.

Damit die von den französischen Truppen einge-
nommene Lande von den darinn befindlichen Lebensmitteln zum Nachtheil des für die Armee erforderli-
                                    chen

chen Unterhalts nicht entblöſet werden, beſchließen
wir:

Daß allen und jeden Perſonen, welche von dem
Gouvernement keine ausdrückliche Erlaubniß dazu
erhalten haben, in dem ganzen Umfang der eroberten Lande, zwiſchen dem Rhein und der Moſel, aller Aufkauf von Getraid und Fourage, um von dem
linken auf das rechte Rheinufer verführt zu werden,
gänzlich verbothen ſey, und zwar bei Strafe der Con-
fiſcation des erkauften Getraides, der Pferde und
der Fuhren, welche zu ſolchem Transport gebraucht
werden, nebſt einer dem Werth ſolcher gegen dieſe
Verordnung gekauften Früchte beykommenden Geld-
ſtrafe.

Alle ſowohl Civil- als Kriegsbeamte und Verwalter, alle Generalsperſonen und Kommandanten der
Truppen ſind verbunden, auf den Vollzug der gegenwärtigen Verordnung zu wachen. Dieſelbe ſoll
auch unter dem Trompetenſchall bekannt gemacht,
und in allen Municipalitäten angeſchlagen werden.

(L. S.) Rivaud. Merlin von Thionville.

Mittwochs den 23ten September.

Heute kame das Hauptquartier der franzöſiſchen
Rhein- und Moſel-Armee hieher. Auch iſt der Volksrepräſentant Reubell hier angekommen. Seit ge-

ſtern

stern hört man von unten herauf stark kanoniren.
Man versichert französischer Seits, Maynz seye
nunmehr völlig eingeschlossen. Seit gestern hat der
Postenlauf gänzlich aufgehört. Da die Franzosen
stark in Bewegung sind, so möchten bald ernsthafte
Auftritte vorfallen.

Donnerstags, den 24. September.

Was man gestern vermuthete, ist heute wirklich
eingetroffen, welches uns ein ausserordentlicher Kanonendonner diesen Morgen verkündigte, indem die
französische Armee einen allgemeinen Angriff auf die
Linie der Oesterreicher, von **Rohrbach** über **Wib-
lingen** (bei Heidelberg) bis gegen die Bergstrasse,
jenseits des Neckars hin, machte. Dieser Angriff
hat aber keinen glücklichen Erfolg gehabt. Der linke
Flügel der Franzosen wurde von den Oesterreichern gänzlich zurück geschlagen, und hat, ihrer Aussage nach,
stark gelitten. Ein französischer Offizier erzählte von
diesem Vorgang folgendes:

„ Von Morgens halb 9 Uhr bis Mittags halb
„ 12 Uhr retirirten die Oesterreicher von Sek-
„ kenheim bis Ladenburg, und von da bis ge-
„ gen Heidelberg, wo sie auf dasigen Anhöhen
„ ihre mit Kartätschen geladene Kanonen ste-
„ hen hatten. Hier blieben sie stehen, und
B „ mach-

„ machten ein fürchterliches Feuer auf uns.

„ Während dieſer Zeit ſprengte aus der Ge=
„ gend von Schwezingen noch viele Oeſterrei=
„ chiſche Cavallerie herbey, überflügelte unſere
„ reutende Artillerie, und nahm ſie gefangen.
„ Da nun der linke Flügel ſchon ganz geſchla=
„ gen war, ſo mußten wir uns bis unter die
„ Kanonen von Mannheim zurück ziehen, um
„ nicht völlig geſchlagen zu werden."

Nachmittags um 1 Uhr geſchahe die Retirade der
Franzoſen. Man brachte auſſerordentlich viele
Bleßirte in hieſige Stadt, die man aber gleich nach
dem erſten Verband, weiter transportirte, aus
Furcht, die Oeſterreicher möchten des andern Tags
einen Angriff machen, und vielleicht in die Stadt
kommen. Daß die Franzoſen, auſſer der reutenden
Artillerie, noch mehrere Kanonen müſſen verlohren
haben, iſt daraus zu ſchlieſſen, weilen ſie viele Ar=
tilleriepferde nur mit den zwey vordern Rädern in
die Stadt herein brachten. In dieſer Verwirrung
hatten mehrere Ortſchaften am Neckar das Unglück,
von Streifpartheien theils geplündert zu werden.
General Pichegrü wollte durchaus den heutigen
Angriff nicht thun; allein Merlin von Thionville
wollte es haben, dahero ſich auch Pichegrü noch
vor dem Angriff einen Revers von Merlin geben
ließ, daß er bloß auf deſſen Befehl hätte angreiffen
müſſen.

müſſen. Pichegrü ſchickte daher gleich des Abends,
nach dem unglücklichen Treffen, einen Kourier nach
Paris ab; durch welchen er dem Nationalkonvent
Bericht abſtattete, und den Revers von Merlin
beilegte. Merlin hatte auf den heutigen Nachmittag um 2 Uhr ſchon einige Perſohnen auf einen Cof-
fee nach Heidelberg eingeladen gehabt. Sehr
viele Franzoſen wurden bey dem heutigen Geſecht
auch in den Neckar geſprengt, ſo wie ſie überhaupt
viel Volk verlohren haben.

Freytags, den 25ten September.

Heute iſt es ganz ſtille, und zwiſchen beeden Armeen nichts vorgefallen. Nachſtehende Proclamation wurde in deutſch- und franzöſiſcher Sprache gedruckt, und an alle Municipalitäten, der von den
Franzoſen eingenommenen Lande, des linken Rhein-
Ufers abgeſendet.

Rhein= und
Mofelarmee.   Freiheit   Gleichheit

Im Hauptquartier zu Mannheim den 4ten
Vendemiaire in dem vierten Jahr der
einen und untheilbaren französischen Re=
publik.

Die Volksrepräsentanten Rivaud und Reu=
bell bey der Rhein= und Mosel=Armee be=
schließen:

1) Alle rückständige Contributionen und Abga=
ben des eroberten Landes zwischen Rhein und
Mosel müssen binnen vierzehn Tagen von der
Bekanntmachung gegenwärtigen Beschlusses an
bezahlt werden.

2) Der Theil der Contributionen genannten ero=
berten Landes, der bisher in Natur entrichtet
worden ist, wird auf die nämliche Art fortbe=
zahlt, so wohl in Ansehung des bereits verfalle=
nen, als dessen, was noch in Zukunft verfallen
wird.

3) Das Getraide und die andern von diesen Con=
tributionen herrührenden Früchte werden an den
Orten, wo keine militärische Magazine sind,
in dem Hauptort jeder Gemeinde und in die
Hände eines bekannten Einnehmers, für den
die

die Municipalität gut steht, geliefert. Da,
wo sich Magazine befinden, sind die Magazin=
verwalter die Empfänger.

4) Der Rest der Contributionen, die in Geld be=
zahlt wurden, wird in Zukunft zum vierten
Theil in Aßignaten nach dem jedesmaligen
Cours derselben, und die übrigen drei Viertel
in baarem Gelde bezahlt. Die Einnehmer
sind verantwortlich für jede durch sie geschehe=
ne Erhebung, welche dem gegenwärtigen Arti=
kel zuwider lauft.

5) Um die Vollziehung desselben zu sichern, so
sollen alle für die Verwaltung der Nationalein=
künfte angestellten Agenten in ihrem Bezirk
binnen 8 Tagen nach dem Empfang gegen=
wärtigen Beschlusses sich die Register der Ein=
nehmer vorlegen lassen, und das Verzeichniß
der Einnahme derselben festsezen.

6) Der Cours der Aßignaten wird alle vierzehn
Tage nach dem der Stadt Basel bestimmt,
und dieser durch den Sekretär der Gesandschaft

B 3   in

in der Schweiz eingeschickt und bescheinigt
werden.

Im Original unterzeichnet,
Rivaud, Reubell.

Dem Original gleichlautend,
unterzeichnet,
Graffe, Sekretär.

Dem Original gleichlautend, in Abwesen-
heit des Commissäre = Ordonnateur en
Chef
Pauly.

Von der Zeit an, daß die Rheinbrücke wieder
steht, gehen die hieher geflüchteten Ueberrheiner häu-
fig in ihre Heimath zurück, und alles eilt herüber,
die in die Stadt geflüchteten Sachen, Güter und
aller Arten Vieh, wieder abzuholen. Man sieht
Wagen an Wagen, mit Kisten, Verschlägen und
Hausrath aus der Stadt über die Brücke gehen.
Die Kommunikation mit dem disseitigen Deutschland
ist aber noch unterbrochen, und mehrere, an die
Bergstrasse, oder sonst hinter die Truppenlinie ge-
flüchtete und nicht gleich nach der Uebergabe der
Stadt hieher zurück gekehrte hiesige und überrheini-
sche Einwohner haben bisher noch nicht zurück keh-
ren können.

Von

Von
Samſtag, den 26ten September
bis
Mittwoch, den 30. September

iſt nichts vorgefallen, das von einiger Bedeutung wäre, auſſer beſtändigen Plänkeleyen der deutſch- und franzöſiſchen Vorpoſten. Heute wurde nachſte- ſtehendes in hieſiger Stadt öffentlich bekannt ge- macht:

„Auf Anſinnen des franzöſiſchen Herrn Diviſions- Generals und Stadt-Kommandanten, wird in An- ſehung der Wirthshäuſer und Weinſchenken folgen- des verordnet: 1) Kein Wirth oder Weinſchenker darf mehr als eine Bouteille Wein auf eine Perſon verabreichen, der Zuwiderhandelnde wird das erſte- mal um zwey Rthlr., im Wiederbetretungsfall aber weit ſchärfer beſtraft, auch überdies bey entſtande- nen Streithändel und andern Unordnungen als Ver- anlaſſer zur Verantwortung gezogen werden; 3) Sollte der Wirth oder Weinſchenker bedroht oder mißhandelt werden, ſo hat er auf der Stelle bey der ihm nächſt gelegenen Wache Mannſchaft zu ho- len, die Militär-Perſonen, welche ſich vergeſſen hät- te, zu dem Herrn Kommandanten führen zu laſſen, auch, wenn es ſein Hausweſen erlaubet, ſich ſelb- ſten dorthin zu begeben, und die Beſchwerde der

B 4 geeig-

geeigneten Bestrafung wegen dem Herrn Kommandanten vorzutragen ; 3) Solle eine Viertelstunde
nach dem Zapfenstreich keinem Soldaten, zu Fuß
oder zu Pferd, Bier, Wein, Brandwein oder son-
stiges Getränk mehr verreicht werden; zu Beibehal-
tung guter Ordnung und Vorbeugung aller Unan-
nehmlichkeiten werden häufige Militär-Patrouillen
in den Kaffee= Wein= Bier= und Brandweinschänken
nach Verlauf obiger Zeit nachsehen, und die darinn
sich aufhaltende Soldaten auf die Wache führen;
hiernach haben sich also sämtliche hiesige Wirthe und
Weinschenker gebührend zu achten.   Mannheim,
den 30. September 1795.

Churpfalz Stadtrath.
Rupprecht.

— Schubauer.

Donnerstags, den 1ten October.

Nach Nachrichten, die zuverläßig sein sollen,
hat die Clairfaitische Armee sich größtentheils gegen
die Bergstrasse gezogen, und ist also nun mit den
von der Wurmserischen Armee gekommenen Truppen vereiniget.   Herr General F. M. Graf von
Clairfait war für seine Person vor einigen Tägen
in Weinheim, ist aber bald darauf wieder nach
seinem Haupt=Quartier zurückgegangen, das einige
nach

nach Aſchaffenburg, andere nach Darmſtadt
ſetzen. Die franzöſiſche Armee ſteht ohngefähr in
der Entfernung einer Stunde dieſs und jenſeits des
Neckars um hieſige Stadt herum. Gegen das Ge-
bürge hin ſtehen die Oeſterreicher, und zwiſchen den
beiderſeitigen Vorpoſten und Patroullen fallen öfters
Plänkeleyen und kleine Gefechte vor.

Von

Freytags, den 2ten October

bis

Dienſtags, den 6ten October

iſt abermals nichts bedeutendes vorgefallen.

Mittwochs, den 7ten October.

Alle Nachrichten beſtättigen es, daß die Clair-
faitiſche Armee ſich gegen die Bergſtraſſe gezogen
habe. Der rechte Flügel dehnt ſich an den Mayn,
der linke dehnt ſich biß Weinheim aus, wo die
Wurmſeriſche Armee anfängt. Das Haupt-Quartier
des Herrn General Graf von Clairfait iſt in der Nach-
barſchaft von Darmſtadt. Die franzöſiſchen Volks-
repräſentanten haben nach und nach hieſige Stadt
verlaſſen, und ſich, wie es heißt, zur Armee nach
Oberingelheim bei Maynz begeben, wo ſich die-
ſelben auch noch befinden ſollen, biß auf den Re-

B 5   präſen-

präsentanten **Reubell**, der gestern Abend wieder allhier angekommen. Nachstehendes wurde unter den 3ten dieses Monats allhier öffentlich bekannt gemacht:

„ In Gefolg Churfürstl. hoher Regierungs‑Wei‑
„ sung vom 29ten vorigen Monats, wird allen
„ noch dahier seyenden Ueberrheinischen Emigran‑
„ ten bedeutet, sich in Zeit 8 Tagen in ihre Wohn‑
„ Orte zurück zu begeben, als sie sonsten zu
„ gewärtigen haben, daß sie mit ernstlichen
„ Zwangsmitteln von hier fortgewiesen werden
„ sollen. Mannheim, den 3ten October 1795.

Churpfalz Stadtrath.

Rupprecht.

Schubauer.

Von

Freytag, den 9ten October

bis

Mittwoch, den 14ten October

war alles ruhig, doch schließet man aus allen Bewegun‑ gen, daß nächster Tagen etwas wichtiges vorge‑ hen möchte, dann die Kaiserlichen zeigen sich in gros‑ ser Zahl.

Man

Man vernimmt auch, daß vor einigen Tagen die neufränkische Ober-Domainen- und Ober-Forstkammer nach Kirchheim Polanden, die Ober-Polyceykammer nach Kreuzenach, und die Administration von Kreuzenach nach Frankenthal verlegt worden sey.

Nachstehender Artikel stehet in der hiesigen Zeitung eingerücket.

Mannheim, den 10ten October.

Wir haben unter Nro. 118 unserer Zeitung die Kapitulation der Uebergabe hiesiger Stadt eingerükt, wie wir solche in dem Pariser Bulletin gefunden hatten. Nachdem wir aber unterdessen die Verschiedenheit einiger Ausdrücke dieses Aufsazes von dem dahier beruhenden Original eingesehen haben; so liefern wir zu Berichtigung jener Nachricht den hauptsächlich solche Verschiedenheit enthaltenden zweiten Additionalartikel, welcher in dem französischen Original also lautet:

(Die pfälzischen Lande, so wie auch die Herzogthümer Jülich und Berg, welche von den französischen Truppen besezt sind, werden als neutral angesehen, und es können ihnen aus diesem Grund weder Kontributionen, noch Requisitionen, noch andere Lasten auferlegt werden, desgleichen wird der ruhige Besiz alles Privateigenthums zugesichert.

Dieser

Dieser Artikel erstrekt sich auch auf alle Effekten und Güter, welche Sr. Durchl. dem Herrn Herzoge von Zweybrücken und allen Personen seines Gefolges zugehören.

Antwort. Da dieser Artikel in keiner unmittelbaren Verbindung mit dem Militär steht, so ist er nicht von meiner Kompetenz, und ich kann ihm nicht meine Zustimmung geben; er muß dem Repräsentanten bey der Armee vorgelegt werden.

Es steht weder dem General, noch den Repräsentanten zu, in Ansehung solcher Länder, die von andern Armeen der Republik besezt sind, eine Uebereinkunft zu treffen. Die Neutralität kann allein den von der Rhein= und Moselarmee besezten Ländern zugesichert werden.

Die Garantie der Güter und Effecten, welche Sr. Herzogl. Durchl. von Zweybrücken zugehören, kann nur auf dem rechten Rheinufer zugesichert werden.

Donnerstags, den 15ten October.

Allhier verbreitet sich das Gerücht, daß die Clairfaitische Armee über den Mayn gegangen, wodurch General Jourdan genöthiget worden sey, sich gegen die Lahn zurück zu ziehen, und die Blokade von Maynz, auf dem rechten Rheinufer aufzuheben.

Ferner

Ferner heiſet es, alle Kaiſerl. Generále hätten Be=
fehl erhalten, von nun an nach ihrem Gutbefinden,
und ohne vorher jedesmal in Wien anzufragen, zu
agiren.

Freytags, den 16ten October.

Nach Briefen aus Baſel, die allhier angekom=
men ſind, hat noch ein groſer Theil der Wurmſeri=
ſchen Armee den Oberrhein verlaſſen, und ſich gegen
den Neckar in unſere Gegend, gezogen.

Samſtags, den 17ten October.

Vergangene Nacht ſind die franzöſiſchen Volks=
repräſentanten, Reubell und Rivaud, von hier
nach Paris abgegangen.

Sonntags, den 18ten October.

Schon dieſen Morgen um 2 Uhr rückte ein ſtarkes
Corps Kaiſerlicher Truppen näher gegen Mann=
heim, um das bey dem hieſigen Hochgericht ſte=
hende franzöſiſche Lager zu umzingeln Da eben
ein dicker Nebel war, ſo blieben ſie alle Vorpoſten
nieder. Das Lager wurde umringt, die Franzoſen
kamen aus ihren Erdhütten heraus, und das Ge=
fecht nahm ſeinen Anfang. Durch das entſezliche
Geſchrey,

Geschrey, welches die Franzosen gemacht, und bei
jeder Gelegenheit machen, wurde Lärmen, und nun
brüllte der Kanonendonner von allen Seiten. —
Die Kanonade, mit einem anhaltenden Mußqueten-
feuer untermischt, kame immer näher, und um 7
Uhr Morgens sahe man schon einige hundert bleßirte
Franzosen in die Stadt bringen. Da die Franzosen in vollem Rückzug waren, so folgten ihnen die
Kaiserlichen auf dem Fuß nach, biß unter die hiesigen Kanonen, so daß von den Kaiserlichen die Kanonen-Kugeln und Haubitzen in die Stadt flogen,
ein Haus zusammen schlugen, auch einige Persohnen verwundeten. Die Kanonade dauerte den ganzen Tag, und nur die Dunkelheit der Nacht endigte diesen schreklichen Vorgang, der Menschen genug
kostete. Eine grose Anzahl Franzosen wurden in
den Neckar gesprengt, wo sie elendiglich ersauffen
mußten, und die übrigen stehen unter dem Schutz
der hiesigen Kanonen. Die Franzosen geben ihren Verlust selbsten sehr beträchtlich an, welches sich auch
daraus schließen läßt, weil nur an Bleßirten so viele 100 hieher gebracht wurden, wovon die meisten
von der Cavallerie im Gesicht erbärmlich zerhauen
waren. Alle hiesige Chyrurgi mußten in die Lazarethe, um verbinden zu helfen, wie auch Arm und
Beine abzunehmen. — Ich selbst sahe die herabhän-
gende Backen zusammen nähen, aber keinem hörte

ich

ich über Schmerzen klagen. Die nicht tödtlich Verwundete wurden sogleich nach dem Verbande auf
Wägen nach Speyer und *Landau* gebracht. Unter Trommelschlag wurde bekannt gemacht, alte
Leinwand in die Lazarethe zu bringen, und Charpie
zu zupfen, welches auch, aus Mitleiden gegen die
Verwundete geschah, so, daß die Franzosen mit
der Bereitwilligkeit der hiesigen Bürger und Ein=
wohner schienen zufrieden zu seyn. Da schon einige
Haubitzen in die hiesige Stadt geflogen, so wurden
heute von dem wachsamen Stadtrath alle mögliche
Feuerlöschungs=Anstalten gemacht.

General **Pichegrü** ist noch hier, und alle hiesige
Bürger und Einwohner sind Tag und Nacht in
Aengsten und Sorgen, indeme die Kaiserlichen al=
lem Anschein nach, alles anwenden werden, **Mann=**
heim in balden von den Franzosen zu befreyen.

Da bey dem Abzug der pfälzischen Garnison alles
Geschütz allhier bleiben mußte, so wäre es schauer=
lich anzusehen, daß die Franzosen mit deutschem
Geschütz deutsche Krieger mordeten *).

Montags

---

*) Laut französischen öffentlichen Blättern haben die
Franzosen an Kriegsvorräthen in Mannheim gefun=
den: 164 Belagerungsstücke. 107 Feldstücke, 130
Mörser. 80 Haubitzen. 343,600 Pfund Pulver.
691,309

Montags, den 19ten October.

Heute ist alles stille, und man siehet beede Thei-
le ihre Todte begraben. Die in den hiesigen Laza-
rethen sterbende Franzosen werden nackend ausgezogen, Karch voll weiß vor das Thor hinaus gefahren, allda herab geworfen, und liegen gelassen, ohne sie zu begraben. Um nun dem Spectakul und
daraus entstehenden Aergerniß, auch übler Ausdün-
stung vorzubeugen, so sind von allhiesiger Obrigkeit
Männer bestellt worden, um große Löcher zu machen, worein sobann 10 bis 20 todte Franzosen geworfen werden; daher es auch gar oft kommt, daß
viele noch im Tod Hals und Bein brechen. Die
ganze Menschheit schaudert zurück, bey einem dergleichen Anblicke.

Diesen

691,309 Flintensteine. 122,502 Kugeln. 5361
Bomben. 2740 Haubißgranaten. 43000 Granaten.
140,542 Kugeln von geschlagenem Eisen. 3955
Scharfe Patronen. 174 Rüstungen. 700 Infante-
riesäbel. 1790 Kavalleriesäbel. 5870 Patrontaschen mit Banteliren. 2085 Infanterie-Gewehr-
gehänge. 80 Kavallerie-Degengehänge. 300 Helle-
barden. 5000 Zentner Roggenmehl. 25 Säcke Haber. 150 Zentner Heu.

Diesen Nachmittag kamen 2 grose. Kanonen und 2 ganz neue Haubitzen von denen Franzosen hier an, die auf die Neckar-Thor-Batterie, rechter Hand, gebracht wurden. Leztere sollen fünf Viertel-Stund weit schiessen. — Auch kamen noch 240 Mann Cavallerie in hiesige Stadt.

Dienstags, den 20ten October.

Vergangene Nacht um halb 11 Uhr brüllte von den hiesigen Wällen der Kanonendonner, und man sahe schreckliches Feuer, indeme die Kaiserlichen das ganze französische, aus Erdhütten von Holz bestehende Lager, vor hiesiger Stadt in Brand steckten. Da die Franzosen auch einen Ueberfall vermutheten, so kame alles in Allarm, und ohnerachtet der Dunkelheit der Nacht, wurde von den hiesigen Wällen stark hinaus gefeuert. Da aber kein Angriff erfolgte, so ließ die Kanonade endlich nach, und man legte sich, ohne auszukleiden, jedoch mit Sorgen zu Bette. So bald es Tag wurde, so sahe man, daß die Kaiserlichen angefangen haben, Batterien zu machen. Da die Franzosen am vergangenen Sonntag sehr viele Pferde verlohren, so höret man heute, daß sie auf dem linken Rheinufer, in vielen Orten, die Pferde mit Gewalt weggenommen hätten. Man vermuthet eine Veränderung, dann diesen Nachmit-

C   mittag

mittag kame das französische Feld=Post=Amt, von hier nach Oggersheim. Am Sonntag (nach) der vor die Franzosen so unglücklich ausgefallenen Schlacht) schickte General Pichegrü zwey, und am Montag Morgens einen Courier nach Paris ab; diesen Abend um 5 Uhr wurde der französische General Michaud, bey dem Recognosciren, von den Kaiserlichen gefangen genommen. Unter dem General Pichegrü kommandirt General Desair, die in unserer Gegend stehenden französischen Truppen.

Mitwochs, den 21ten October.

Gestern Nachmittag kame das Hauptquartier des Herrn General Grafen von Wurmser nach Edin= gen, 2 Stunden von hier, und alle Kaiserl. Vor= posten rückten näher an hiesige Stadt, daher die Franzosen anfangen, alle Chaussee=Wege nach Hei= delberg, Schwezingen und Käferthal, auf= zureissen und ungangbar zu machen. Auch sollen alle vor der Stadt liegende Gartenhäuser niedergeris= sen oder abgebrannt werden. Diesen Nachmittag kame ein neuer französischer Volksrepräsentant hier an.

Donner=

Donnerſtags, den 22ten October.

Dieſen Morgen ſezte der Kanonendonner hieſige Stadt wieder in Schrecken. Es ware aber bald wiederum ſtille, indeme es nur die franzöſiſche reutende Artillerie war, die auf die Kaiſerl. Arbeiter feuerte. Der geſtern angekommene Volksrepräſentant heiſſet **Carreau**, und iſt derjenige, welcher mit Spanien den Frieden abgeſchloſſen. Heute kame aber auch der neugewählte Volksrepräſentant **Rivaud** wieder hier an.

Freytags, den 23ten October.

Heute iſt nichts ſonderliches vorgefallen, auſſer daß die Kaiſerlichen auſſerordentlich ſtark an einer Batterie am Rabenſtein, vor dem Neckarthore, arbeiten, welches keine gute Ausſichten vor hieſige Stadt hat. Auch wurden alle vorräthige pfälziſche Montirungs=Stücke, ingleichen auch aus dem Zeughaus alles Gewehr, Säbel und Patrontaſchen, von den Franzoſen genommen, und theils ausgetheilet, theils auch fortgeführet.

Samſtags, den 24ten October.

Geſtern Abend ſpat kamen noch 3 Couriers hier an. Zwey von **Baſel** an den Herrn Miniſter von

Obern-

Oberndorf und dem General Pichegrü, und der dritte auch an den leztern aus Paris. Heute solle noch einer von daher kommen. Diesen Mittag um 12 Uhr kame ein kaiserlicher Offizier mit einem Trom- peter allhier an, und wurde zu dem französischen Kommandanten Montaigu gebracht, bey dem er seine Depechen übergab, und alsdann wieder aus der Stadt gebracht wurde. Seit deme dieses ge- schehen, darf niemand mehr auf die Wälle, und Cavallerie macht in der Stadt Patrouille. Diesen Morgen brachten die Franzosen viele Bauern über den Rhein herüber, welche vor dem hiesigen Neckar- thore, an den neu angefangenen Batterien arbeiten müssen. Die Batterie, welche die Kaiserlichen ge- gen über machen, ist ausserordentlich groß, und so sind auch die vor dem Heidelberger Thor bei Ne- ckarau. Sollte die Stadt so unglücklich seyn, ei- nem förmlichen Bombardement ausgesezt zu werden, so sind die Kaiserlichen im Stande, wann sie es thun wollen, solche in kurzer Zeit in einen Aschenhaufen zu verwandeln.

Sonntags, den 25ten October.

Vergangene Nacht um 1 Uhr kame wiederum ein Kaiserl. Trompeter in hiesige Stadt, allein man hört nichts von dessen Mitbringen. Ueberhaupt ist

heute

heute eine aufferordentliche Stille, worauf vielleicht
in bälden ein grofer Sturm folgen wird. Diesen
Nachmittag um 4 Uhr sahe man von den Kaiserlichen ohngefähr 30 Wägen mit Sturmleitern bey ihren Batterien ankommen, durch welchen Anblick hiefige Stadt in nicht geringe Furcht und Schrecken
gesetzet wurde. Auch wurde heute in dem Churfürstl.
Schloß ein starkes, Bombenfestes Gewölb vor den
Herrn Kammerpräsidenten und seine Familie zurecht
gemacht.

Montags, den 26ten October.

Diesen Morgen um halb 2 Uhr brüllte der Donner von 4 Kanonen, und gleich darauf hörte man
Gewehrfeuer, welches abwechselnd bis um 4 Uhr
dauerte. So bald es Tag wurde, käme die Nachricht, daß die Kaiserlichen drey starke Piquets Franzosen umzingelt, viele niedergemacht, und die übrigen gefangen genommen. Heute Mittag ist der
Volksrepräsentant Merlin von Thionville wieder
allhier angekommen. Ueber den Rhein- und Neckar-
Fluß schlagen die Franzosen noch eine Schiffbrücke,
und in der Rheinschanze machen sie Batterien, die
wiederum gegen hiesige Stadt gerichtet sind. Am
linken Rheinufer fangen sie an, die junge Mann-
schaft auszuheben, absonderlich in den bischöflichen

C 3   und

und gräflichen Orten, und überhaupt wo die Unter-
thanen der französischen Nation geschworen haben.
Aus den gräflich von Degenfeldischen Orten waren
Deputirte bey dem französischen Volksrepräsentanten hier, und thaten dagegen Vorstellungen, allein sie
bekamen zur Antwort:

Es betrift das Vatterland.

Gehet ein junger Pursch davon, so werden sogleich
seine Eltern in Arrest gesezt, und das Vermögen
confiscirt. Beynahe den ganzen heutigen Tag wurde von beeden Seiten sehr stark auf die Arbeiter kanonirt. Ueberhaupt scheinet es, daß bald fürchterliche Auftritte vorfallen werden. Man gehet mit
Sorgen schlafen, schläft mit Sorgen, und stehet
mit Sorgen auf.

Dienstags, den 27ten October.

Schon diesen Morgen um halb 6 Uhr gieng das
Vorposten-Gefecht an, wozu noch eine heftige Kanonade kam, welche bis Nachmittag dauerte. Es
ware besonders über dem Neckar stark, wo sich die
Kaiserlichen auf dem Sandbuckel, in der Gegend
des Galgens festsetzen wollten; die Franzosen be-
haupteten aber den Platz, und sind nun mit Ein-
richtung eines Werkes in jener Gegend beschäftiget

Es

Es muß bloß die französische Cavallerie gelitten ha=
ben, dann man brachte viele Bleßirte in hiesige
Stadt. Den Franzosen ihre Batterie an den Rui=
nen des Eichelheimer Schlosses ist auch zu Stande
gebracht, und über dem Rhein haben sie noch 2
Batterien gegen die Batterien der Kaiserlichen vor
Neckerau und hinter der Windmühle. Morgen
kann es wieder einen hitzigen Tag geben, dann
man siehet so viele tausend kaiserl. Cavallerie so na=
he um die Stadt herum ankommen, daß sie fast von
den hiesigen Kanonen erlangt werden können. Alle
Lebensmittel steigen ganz entsetzlich im Preiß. Um
allen Unordnungen wo möglich vorzubeugen, hat
der allhiesige Magistrat heute folgende Verordnung
bekannt machen lassen:

„ Sämtlichen hiesigen Caffee= Wein= Bier=
„ und Brandwein=Wirthen wird hiermit ernst=
„ lich bedeutet, längstens um 10 Uhr des
„ Abends ihre Wirthsstuben zu schließen, und
„ keine Gäste mehr, wes Standes sie auch
„ immer seyn mögen, aufzuhalten, widrigens
„ aber zu gewärtigen, daß sie selbsten durch
„ Militair=Patrouillen aufgehoben, und zur
„ geeigneten Bestrafung in Arrest verbracht
„ werden sollen. Mannheim, den 27. Octobr.
„ 1795.

Mitt=

Mittwochs, den 28ten October.

Diesen Morgen um halb 4 Uhr hörte man schon
wieder das kleine Gewehrfeuer von den Vorposten
beeder Armeen, da aber ein ausserordentlich dicker
Nebel erfolgte, und sich Freund und Feinde nicht
von einander unterscheiden konnten, so wurde es
bald wieder stille. Gestern hatten die Franzosen von
hiesigen Wällen viele von ihren eigenen Leuten todt=
geschossen. Von dem gestrigen Gefechte sind 64
bleßirte Franzosen hier eingebracht worden, und von
beeden Seiten viele Pferde geblieben.

Donnerstags, den 29ten October.

Die Franzosen arbeiten seit einigen Tagen mit
verdoppelter Thätigkeit an den neuen Verschanzungen,
die sie um die Stadt herum anlegen, besonders an
zwey grosen Batterien, beym Rabenstein und den
Galgen, und an einem dritten Werke, das sie hin=
ter den Neckargärten, dort, wo ihre zweyte Brücke
über den Neckar gehet, angefangen haben. Die
Kaiserlichen machen starke Bewegungen; deßen
ohnerachtet ware es heute den ganzen Tag so still,
daß man auch keinen Flintenschuß hörte, und jeder=
mann glaubte, man würde eine ruhige Nacht ha=
ben. Die Volksrepräsentanten, General Pichegrü
und die meisten französischen Offiziers, waren in der

Comb=

Comödie, (dann die Comödianten, die noch hier
geblieben, und nicht ausgewandert sind, müssen auf
Befehl der Franzosen spielen) als mit dem Schlag
7 Uhr 4 Kanonenschüsse fielen, und man zu gleicher
Zeit schon ein ausserordentlich starkes kleines Gewehrfeuer hörte. Die Kaiserlichen waren auf allen Seiten angerückt, und nun brüllte der Donner der Kanonen von allen hiesigen Wällen, und zwar so stark,
daß man glaubte, unser Untergang wäre vorhanden. Die Franzosen wurden auf allen Seiten zurück geschlagen, und die ganze Bagage von hier
schleunigst über den Rhein gebracht. Die Franzosen wurden endlich auch aus der Neckar=Schanze
getrieben, und diese von den Kaiserlichen eingenom-
men, wobey aber leider! der tapfere Prinz von
Schwarzburg sein junges Heldenleben eingebüsset
haben soll. Viele tausend Kartätschen = und kleine
Gewehr=Kugeln, ingleichen auch einige Haubitzen,
und 8 und 12 pfündige Kanonen=Kugeln flogen in
die Stadt, beschädigten einige Häuser, und schlugen ein kleines Kind, neben einem andern, in der
Wiege tod. Die Kaiserlichen kamen bis über die
Neckar=Brücke, und so dauerte das Gefecht bis 7
Uhr Morgens, und also ganzer 12 Stunden lang
ununterbrochen fort, dahero auch auf beeden Seiten viele Leute müssen geblieben seyn, indeme viele
Franzosen in den Neckar gesprengt wurden. Um

7 Morgens erfolgte ein, aufferordentlicher Platz-
regen, welcher dem blutigen Kampfe ein Ende machte. Die Kaiferlichen zogen fich in ihre alte Stellung
zurück, nahmen einige Kanonen aus der Neckar-
fchanze mit, und die zurückgelaffenen wurden verna-
gelt. Alle hiefige Einwohner hatten die ganze Nacht
hindurch Todesängften auszuftehen, und der Kano-
nonen-Donner machte uns faft taub, dann nur von
den hiefigen Wällen und Batterien gefchahen, nach
Ausfage der Franzofen, 14 bis 15 taufeud Kano-
nen-Schüffe, durch welche aber die Kaiferlichen doch
nicht viel können gelitten haben, dann wegen ihren
eigenen Leuten konnten die Franzofen nicht dahin
feuern, wo das Gefecht war, fondern auf die Batterien der Kaiferlichen. Eine Menge verwundeter
Franzofen wurde in die Stadt gebracht. Da man
während dem Gefecht, über Worms hinunter, auch
ftarkes Kanonen-Donnern gehöret, fo vermuthet
man, daß der hiefige Angriff von den Kaiferlichen
nur deswegen gefchahe, damit ein Theil der Armee
in einer andern Gegend über den Rhein brechen könnte, und Gott gebe, daß diefe Vermuthung eintref-
fen, und fich dadurch unfere traurige Lage ändern
möchte. Die meiften Franzofen find fehr mißmü-
thig, und fchimpfen über Merlin öffentlich, weilen
diefer ganz allein Urfächer wäre, daß fie über den
Rhein gegangen.

Frey-

Freytags, den 30ten October.

Unsere gestrige Vermuthung ist eingetroffen, dann wir haben ganz sichere Nachrichten, daß die Kaiserlichen auf verschiedenen Punkten über den Rhein gegangen sind, um Maynz zu entsetzen. General **Pichegrü** ist dahero eilends von hier nach **Pfeddersheim** an der Prüm abgegangen, weilen zwischen diesem Ort und Alzey das ganze Belagerungs-Geschütz stehet, welches die Franzosen vor **Maynz** gehabt haben, und wegen Mangel an Pferden und schlechtem Weg nicht weiter gebracht werden konnte. General **Pichegrü** will die Kaiserlichen bei **Pfeddersheim** erwarten, und eine Schlacht liefern. Heute war allhier alles stille. Gegen Abend sahe man bey **Worms** ein starkes Feuer, und man vermuthet, daß die Franzosen allda ihr Magazin angezündet haben.

Samstags, den 31ten October.

Die vergangene Nacht war ziemlich unruhig, dann die Franzosen stunden die ganze Nacht, auf dem Markt, unterm Gewehr. Unsere dermalige Besatzung mag sich ohngefähr auf 6000 Mann belaufen; es werden aber noch mehrere Bataillons erwartet. Um sich einen Begriff von einigen französ-

sischen

fiſchen National=Gardiſten machen zu können, ſo will ich nur einen bemerken, welcher ſich bey der heuti= gen Wacht = Parade beſonders ausgezeichnet hat. Dieſer war ohne Strümpfe in elenden Schuhen, mit denen er kaum fortkommen konnte, anſtatt eines Kaſtrols hatte er eine Barbierſchüſſel anhängen, ei= nen Säbel ohne Scheide, und eine zerriſſene Kappe auf dem Kopf. Dieſen ganzen Vormittag wurde ſtark von den hieſigen Wällen gefeuert, dann die Kaiſerli= chen laſſen ununterbrochen an ihren Batterien arbei= ten, und rücken immer näher an die Stadt. Alle franzöſiſche Marquetender ſind heute von hier ab, und über den Rhein gegangen. General Pichegrü ſoll dem hieſigen Stadt-Kommandanten Montaigu und dem General Deſſaix den Befehl zurück gelaſ= ſen haben:

„ Mannheim bis auf den lezten Mann zu ver=
„ theidigen, und ſollte die Stadt auch zu ei=
„ nem Steinhaufen verwandelt werden. Er
„ wolle dahero auch noch einige Bataillons
„ zur Verſtärkung der Garniſon ſenden. “

Welch ein ſchrecklicher Befehl für die gutgeſinnten Bewohner Mannheims. • Seit dieſen Morgen um 10 Uhr höret man ein entſetzliches Kanonenfeuer in der Gegend von Worms und Grünſtadt, wel= ches vermuthlich eine Schlacht ſeyn wird. Auch

von

von hiesigen Wällen wird diesen Nachmittag die Kanonade heftiger, und ich befürchte eine traurige Nacht.

Sonntags, den 1ten November.

Die zurückgelegte Nacht ware wiederum schauer-
voll. Schon Morgens um 3 Uhr donnerten die Al-
larm=Kanonen, und jedermann verließ in der größten Geschwindigkeit, sein Bette. Die Franzosen
versammelten sich auf dem Markte, und blieben unterm Gewehr. Mit Schlag 6 Uhr aber fieng vor
dem Heidelberger Thor ein Kanonen = und Musque-
tenfeuer an, das immer heftiger wurde, und bis gegen 11 Uhr Mittags dauerte. Alle Batterien auf
den Wällen auf der Seite des Heidelberger Thors,
spielten beinahe ununterbrochen gegen die Kaiserlichen, die ein nicht minder lebhaftes Feuer, theils
aus ihren Verschanzungen, theils aus reutender Artillerie gaben, die sie vorgeführet hatten. So fürchterlich übrigens die Kanonade war, und auf beiden
Seiten nichts entscheidendes bewürkte, so ist sie doch
für hiesige Stadt von den übelsten Folgen gewesen.
Beynahe kein Theil derselben war von Kugeln und
Haubitzen sicher, und es sind nicht nur viele Häuser beschädiget, sondern auch einige Personen verwundet worden. Mitten auf dem Markt=Platz stehet eine in Stein gehauene Gruppe, ein Meisterstück

der

der Kunst, den Merkur vorstellend, wie er fliegend zwischen Rhein und Neckar das Sinnbild einer Stadt niedersetzet; womit auf die glückliche Lage Mann, heims angespielet wir. Diesem Merkur wurde durch eine Kanonen-Kugel der rechte Arm weggeschossen. Daß die Franzosen bey dem heutigen Vorfall viel Volk verlohren, ist daraus zu schließen, weilen sehr viele Bleßirten eingebracht wurden, und diesen Nach= mittag schon Zwölfen davon, theils Füße, theils Aerme abgenommen worden. Vom Anfang bis zu Ende dieser fürchterlichen Kanonade waren die mei= sten Einwohner im Keller verborgen; allein dessen ohnerachtet hatten wir Todes=Aengsten auszustehen, und noch weit mehrere warten auf uns; dann nicht lange wird es anstehen, so hat die gegenwärtige Stille ein Ende, und der Kampf geht wiederum an. Die meisten von den hiesigen Einwohnern gehen wie Schattenbilder herum, und sind mehr todt als le= bendig. Die Kaiserlichen arbeiten hie und da noch an Verschanzungen, allein nur schwach. Ihre ange= fangene Werker scheinen größtentheils vollendet zu seyn. Auf dem Galgenbuckel bemerkt man mehrere Batterien mit Schießscharten. Der Entsaz von Maynz bestättiget sich; die Kaiserlichen waren ge= stern Mittags um 11 Uhr, längs ihres Lagers aus= gerückt, und haben diese Begebenheit durch Victo= rienschließen gefeiert. Gott gebe, daß Mannheims

Erlö=

Erlöſungstag auch) bald möge gefeiert werden. Die
Franzoſen fangen an, ihr Magazin zu Frankenthal
zu leeren.

Montags, den 2ten November.

Da die geſtern in die Stadt geflogenen Kugeln und
Haubitzen ſehr viele Häuſer beſchädiget, ſo gieng
dieſen Vormittag eine ſtädtiſche Deputation zu dem
franzöſiſchen Kommandanten Montaigu, und ſtell-
te ihm vor:

„ Daß laut der geſchloſſenen Kapitulation
„ franzöſiſcher Seits, verſprochen worden ſey,
„ jedem Einwohner von Mannheim, ſeine
„ Perſon und Eigenthum zu ſchützen. Allein
„ ſie hätten bis dato, leider! erfahren, daß
„ ſolches nicht geſchehe, und allem Anſehen
„ nach nicht geſchehen würde. Er möchte al-
„ ſo die Stadt nicht einem gänzlichen Verder-
„ ben ausſetzen, ſondern zu Unterhandlungen
„ mit den Kaiſerlichen ſchreiten.“

Der Kommandant gabe zur Antwort:

„ Er hätte Ordre, die Feſtung bis auf den
„ lezten Mann zu vertheidigen. Würde er
„ nun dieſes nicht thun, ſo wäre ſein Kopf
„ verlohren, welches man ihm nicht zumuthen
„ könn-

„ könnte. Er bedaure jeden Bürger und die
„ schöne Stadt; allein er müßte seinem erhal-
„ tenen Befehl genau nachkommen, bis sich
„ die Umstände änderten."

Mit diesem leidigen Trost mußten die guten Bürger zufrieden seyn, und sich entfernen. Den ganzen Tag war es ziemlich ruhig, und ohnerachtet
wenig kanonirt wurde, so flogen doch wiederum Kugeln in die Stadt. Sichern Nachrichten zufolge,
sind die Kaiserlichen schon bis Grünstadt vorgerückt, und haben bey **Pfeddersheim** sehr viele
französische Kanonen erbeutet. Sonsten heißet es
im Sprüchwort: **Der Feind hat geplündert
bis aufs Hemd,** allein die Franzosen haben an
mehrern Orten am Gebürg sehr vielen Persohnen
auch so gar die Hember vom Leibe gerissen, und nackend herum gejaget. — Welch eine Grausamkeit!

Dienstags, den 3ten November.

Gestern Abends um 6 Uhr hatten wir einen
erbärmlichen und schauervollen Anblick, indem
die Franzosen vor dem Heidelberger Thore die meisten Gebäude und Gartenhäuser, wider alles Vermuthen, und ohne daß die Besitzer davon nur das
allergeringste retten konnten, auf einmal in Brand
steckten, so, daß die Flammen Himmel hoch stiegen.

Kurz!

Kurz! es ist alles ruinirt, und der Schaden beträgt wenigstens eine halbe Million Gulden. Die Grapp= Fabrick des Herrn Michels allhier, wovon der Bau allein vierzig tausend Gulden gekostet haben soll, stehet zwar noch, allein das meiste darinn ist entwe= der entwendet, oder sonsten ruinirt worden. Unsere Lage könnte nicht trauriger seyn, und mit Schau= dern sehen wir in die Zukunft; dann wir sehen nichts, als Elend, Jammer und Verderben. Ueber dem Rhein fängt eine heftige Kanonade an, Gott seegne die deutschen Krieger. Da ein allhiesiger Bürger, oder vielmehr ein Auswurf der Menschheit, dem französischen Kommandanten in einem Billet ge= meldet:

„Daß die zurückgebliebenen Kranken, nun
„ aber gesund gewordenen Churpfälzischen So=
„ daten, sich zu den Bürgern hielten, und also
„ leicht ein Aufstand gegen die französische Gar=
„ nison zu vermuthen wäre;"

so mußten diese Churpfälzische Soldaten ihre bißher getragene Säbel abliefern, und der Kommandant ließ die vor der Hauptwacht stehende Kanonen mit Kar= tätschen laden. Auch darf das hiesige bürgerliche Feuer=Piquet mit keinem Feuergewehr mehr aufzie= hen. Sonsten geschahe diesen ganzen Tag durch kein Schuß, weder aus noch in die Stadt. D=

D   die

die Franzosen einige tausend Säcke Mehl, die sie zu Frankenthal haben, an die hiesige Stadt verkauft, so wurden heute viele Wagen voll davon abgeholet und hieher gebracht. Dagegen aber muß Frankenthal zwey und siebenzig tausend Pfund Brod an die Franzosen abliefern, wovor sie Getraid bekommen soll. Als die Franzosen ganz Grünstadt ausplünderten, so kamen sie auch zu dem Anwaltschultheiß, Namens Kind, in das Haus gestürmet, und verlangten sein Geld. Er gab ihnen alles, was er hatte; allein es war ihnen nicht genug, sondern sie verlangten mehr. Er betheuerte ihnen, daß er nicht mehr so viel hätte, seiner in der Stube auf dem Stroh liegenden, und vor Angst und Schrecken gestorbenen Frau einen Sarg machen zu lassen. Allein nicht diese bewegliche Rede, nicht der traurige Anblick der todten Frau, ja nicht einmal das Jammergeschrey der 6 noch unmündigen Kinder, rührte diese ausgeartete Art von Menschen, sondern einer davon schoß dem betrübten Wittwer eine Kugel durch das Herz, daß er todt auf seine erblaßte Gattin fiele, und das Blut den 6 Vater- und Mutterlosen Waisen entgegen floß. In einem andern Ort, nicht weit von Grünstadt, erschossen sie einen Schultheiß, nahmen seiner noch jungen Frau ihr säugendes Kind von der mütterlichen Brust, an welcher es lag, legten es auf den Tisch, und

schnitten

schnitten selbigem langsam den Kopf ab. Noch mehr
dergleichen Greuelthaten könnten angeführet werden; allein mir erstarret die Hand, solche zu be-
schreiben. Daß die Kaiserlichen bey Pf. oders-
heim eine große Anzahl französischer Kanonen erbeutet, bestättiget sich gänzlich.

Mittwochs, den 4ten November.

Die vergangene Nacht gieng, Gott Lob! ganz
ruhig vorbey, und wir konnten unsere vor Angst
abgemattete Körper wieder in etwas erquicken.
Noch aber ist von dem gestrigen Tage nachzuholen,
daß der Kommandant auch auf alle öffentliche Plätze
in der Stadt Kanonen, mit Kartätschen geladen,
aufführen ließ. Abends um 9 Uhr und Morgens
um 6 Uhr darf die sonst gewöhnliche Gebeth- und
Pollzey-Glocke nicht mehr geläutet werden. So
bald es Nachts 8 Uhr ist, dörfen keine zwey Personen mehr mit einander gehen, oder auf der Gasse
beysammen stehen. Bey den Leichen darf keine Glocke mehr geläutet, und von den Katholischen kein
Kreutz voran getragen werden, und dieses alles auf
Befehl des französischen Kommandanten. Heute hat
man auch einen beträchtlichen Artillerie-Train von
unten herauf, gegen Mutterstadt ziehen, so wie den
2ten dieses Monats viele französische Truppen in

das

das Gebürg hinein marschieren gesehen. Von **Fran-**
kenthal ist heute wieder Mehl hieher gebracht worden. Uebrigens gieng der heutige Tag, Gott Lob!
ruhig vorbey.

Donnerstags, den 5ten November.

Auch die vergangene Nacht gieng, Gott Lob!
ruhig vorbey, und wir sind wie neu gebohren. Laut
Nachrichten sollen sich die Kaiserlichen nicht mehr
weit von **Lautern** befinden. Die Franzosen retriren
beständig weiter heraufwärts, und gestern noch kame das Haupt-Quartier des General **Pichegrü**
nach **Mörs**, einen kleinen Ort bey **Frankenthal.**
Die Desertion bey seiner Armee ist unbeschreiblich.
Alle Orte, groß und klein, welche die Franzosen
verlassen, werden meistens ausgeplündert, und die
Einwohner zum Theil noch mißhandelt. Gestern
Abend noch wurde zu **Frankenthal** bekannt gemacht:

„ Daß wann bis heute Mittag, die am Dienstag
„ verlangte zwey und siebenzig tausend Pfund
„ Brod nicht geliefert würden, die ganze Stadt
„ der Plünderung Preiß gegeben werden sollte.“

Gutes **Frankenthal**! auch du hast die Drangsale dieses französischen Revolutions-Krieges schon mehr
als einmal empfunden, und eine große Reihe von

Jah-

Jahren wird vergehen, ehe du zu deinem vorigen
Flor wiederum gelangest. Gestern sind wieder vie=
le Bataillons Kaiserl. Truppen, vom rechten auf
das linke Rheinufer marschiert, dahero man bald
wichtige Vorfälle zu erwarten hat. Diesen Abend
kamen wiederum einige Wagen mit Mehl von Fran=
kenthal hier an.

Freytags, den 6ten November.

Die Nacht von gestern auf heute gieng ziemlich
ruhig vorbey. Das Wetter ist sehr stürmisch mit
Regen vermischt, und am Himmel zeigte sich ein
prächtiger Regenbogen, welchen wir als ein Zeichen
ansehen, daß Gott uns nicht ganz verlassen, sondern
aus unserm Jammer und Elend erlösen werde. Die=
sen Morgen mußten wieder viele Wägen nach Fran=
kenthal, um noch mehr Mehl abzuholen, wo dann
die dazu kommandirten Gens=d'Armes von dem
Kommandanten Montaigu den Befehl erhielten:

„ Daß wenn sie wegen dem Vorrücken der Kaiser=
„ lichen, nicht mehr nach Frankenthal kommen
„ könnten, nach Lambsheim, (eine Stunde
„ seitwärts) zu fahren, und allda zu laden. “

Gestern hat gedachtes Frankenthal den Rest von
den geforderten 72 tausend Pfund Brod, an

D 3   die

die Franzosen abgeliefert. — Vor hiesiger Stadt
siehet man sehr viele kaiserliche Kavallerie ankommen. Vor dem Heidelberger Thor haben die Franzosen angefangen, eine neue Batterie anzulegen,
wozu die Bauern abermal vom linken Rheinufer
zum arbeiten, herüber geholet werden; auch haben
sie einen Theil vom Wall, bey dem Neckar-Thor,
rechter Hand, um vieles erhöhet. Heute wurde allhier nachstehende Proclamation für die Bewohner
des linken Rheinufers gedruckt:

Rhein- und Mosel-Armee.

Im Haupt-Quartier zu Grünstadt, den 6ten Nebelmonats, (November) viertes Jahr der einen und untheilbaren Republik.

Der Volksrepräsentant Rivaud bey der Rhein- und Mosel-Armee.

An die Bewohner der Pfalz und übrigen Län- der zwischen Rhein und Mosel.

Die Ereigniße des Kriegs vereiteln oft die weise-
sten Absichten der Regierung. Der Wille des Na-
tional-Konvents war, daß die französische Armee die
Pfalz und die anliegenden Länder schonen sollte,
nicht als durch Eroberung gewonnen, sondern als
ein

ein Land, in welches sie kam, um Brüder zu suchen,
und Freyheit zu bringen, Menschen, die sie ihres Genusses werth hielt. Ein Unglück war's,
wenn am Tage des Rückzugs der Soldat, der einen Theil des Vorraths zurück ließ, sich in der
Nothwendigkeit glaubte, selbst für seinen Unterhalt
zu sorgen; wann Soldaten, die nicht werth waren,
den Ruhm ihrer Waffenbrüder zu theilen, und jene
Klasse von Menschen, die der Armee nachziehen,
nicht sowohl um ihr zu dienen, als sie zu bestehlen,
wenn solche Menschen die Unordnung zur Befriedigung ihrer Habsucht benutzt, und Ausschweifungen
begangen, die die Armee erniedrigt haben. Alle
brave Krieger, die nicht durch ihre schändliche Raub-
sucht in den Krieg geführet worden, fühlten sehr bald,
daß diese ausschweifende Verwüstung des Eigenthums
in einem Tag die Erhaltungsmittel der Armee für
mehrere Monate zernichtete, sie riefen um Ordnung
an, die den Einwohnern ihre Besitzungen, und den
Truppen die Mittel ihres Unterhalts zusichern, und
erwarteten mit Gedult, bis die Verwaltung im
Stand wäre, für die Befriedigung ihrer Bedürf-
niße zu sorgen.

Gegenwärtig also, wo eine strenge Polizey die
Ordnung erhält, und über euer Eigenthum wachet,
Bewohner dieses Landes! die ihr die Herannahung
des Krieges zu euern Wohnungen beseufzet, wollt

ihr,

ihr, daß die französische Armee ihm wieder von euern Häusern entferne, so verschließt ihr die Hülfsquelle eures reichen Landes nicht. Fürchtet, daß die Armee, die Entbehrungen müde, zu welcher ihr, sie auf einen an Produkten aller Art so reichen Boden, zwingen könntet, und durch den Mangel an den unentbehrlichsten Bedürfnißen, die ihr sie könntet leiden laffen, vielleicht zum Rückzug gezwungen, euch nicht selbst die Schuld des neuen Unglücks zuschreibe, euch des Einverständnißes mit seinen Feinden anklage, und um sich an euch wegen ihrer Niederlage zu rächen, Spuren der Verzweiflung hinter sich laffe, denen sie freylich sich zu schämen hätte, die aber für euch trauriger wären, als die größten Opfer, die sie, in der Ruhe und Ordnung, welche auf die Wiederherstellung der Subordination folgen, hätte von euch fordern können.

Doch man begehrt nicht einmal Opfer von euch: man fordert bloß, daß die Produkte eures Bodens, die der Oesterreicher als Beute wegnehmen würde, den Franzosen nicht verweigert werden, der euch die Bezahlung zusicherte; daß ihr den Verwaltern die nöthigen Mittel zur Herbeyschaffung der für die Armee bestimmten Lebensmitteln nicht entziehet, mit einem Wort, daß ihr nicht, wie es fast scheint schon im voraus als Feinde, die eure Gegend verlaffen sollen, eine Armee anseht, die gekommen ist,

euch)

euch von der Tyranney zu befreyen, und die weiter
nichts, als die Unterstützung, die der Oesterreicher
mit Gewalt von euch fordern würde, von euch er»
wartet, um den Schauplatz des Kriegs weit von
euch zu entfernen, und den hartnäckigsten Feind der
Freyheit der Nation, zum Frieden zu zwingen.

So lautet diese schöne, in deutsch» und französi»
scher Sprache gedruckte Proklamation, welche ei»
gentlich im Grunde so viel sagen will, als:

1) Wir haben euch geplündert.
2) Gebt uns vollends was ihr habt,
    oder
3) wir nehmen es euch mit Gewalt.

Welch leztteres auch leider! geschehen ist.

Samstags, den 7ten November.

Gestern Abend wurden noch viele Bauern aus der
Gegend von Grünstadt, unter einer Bedeckung
von Gens-d'Armes zum Schanzen hieher gebracht,
welche Nachtszeit in das hiesige Nonnenkloster einge»
sperrt und bewacht werden. In der Gegend von
Worms hörte man eine heftige Kanonade, die sehr
anhaltend war. Diesen Morgen wurden noch einige
Kanonen vor das allhiesige Neckar‑Thor gebracht,

D 5   und

und viele Munition dahin geführet. Da die Franzosen ihren Raub auf denen umliegenden Feldern und
Gärten nicht mehr ausüben können, so fangen sie
schon an, Nachtszeit in den außliesigen Häusern
Versuche mit Erbrechung der Thüren zu machen.
Das Haupt-Quartier des General Pichegrü kame
gestern von Mörs nach Grünstadt. Als dieser,
mit noch mehrern Offiziers, Wein verlangte, so
wurde ihm von den Einwohnern mit Händeringen
geklaget, daß kein Tropfen in allen Kellern mehr zu
finden wäre, dann was die Franzosen nicht ausge-
soffen, hätten sie, nach Zerschlagung der Fässer,
laufen lassen, welches auch bey der, von dem Pichegrü befohlenen Untersuchung als wahr befunden
wurde. Die fortdauernde Desertion bey den Franzosen, ist unbeschreiblich. Vor einigen Tagen ließ
Pichegrü durch die Gens-d'Armes viele einholen,
und auf Wägen binden. Allein einige davon machten sich loß, erstachen ihre Offiziers, und liefen
Frankreich zu. Diesen Vormittag um halb 10 Uhr
gieng ein französischer Offizier mit einem Trompeter
zum Neckar-Thor hinaus, zu den Kaiserlichen, und
überbrachte den in die Gefangenschaft gerathenen General Michaud, Geld, welches aus Frankreich für
ihn angekommen war. Heute warfen einige auf der
Schloßwacht gewesene Franzosen, ihr Gewehr, Säbel und Patrontaschen weg, und riefen: Wir sind
verloh-

verlohren. Der Kommandant w~...
bringen, und die Wachen verſtärken. Dieſen z~
um 6 Uhr, kamen noch zwey 12 pfündige Kanonen=
Kugeln in die Stadt.

Sonntags, den 8ten November.

Dieſen ganzen Vormittag hörte man in der Ge=
gend von Worms eine heftige Kanonade. Die
Kaiſerlichen ſtehen nun bey Hernsheim und Neu=
hauſen, ohnweit Worms. Nahe an dieſer Stadt
hatten die Franzoſen 30 bis 40 Pulverwägen ſte=
hen. Da ſie nun bey ihrer Retirade von Gunters=
blum viele dergleichen Wägen in die Luft geſprengt
hatten, und ſie ſich geäuſſert, ſolches auch mit de=
nen bey Worms ſtehenden zu thun, ſo beſchwerte
ſich die Bürgerſchaft bey dem General, und bathe,
ſolche wegſchaffen zu laſſen, welcher auch darein wil=
ligte. Da aber keine Pferde vorhanden waren, ſo
thaten es die Bürger mit eigenen Händen, und wa=
ren nur froh, daß ſie es thun durften. Daß das
Ausreiſſen und Plündern der Franzoſen, wovon ich
ſchon einige Meldung gethan, alle Gränzen über=
ſteiget, beweiſet ſelbſten ein Artickel aus der Straß=
burger Zeitung, worinnen es unter andern
heiſſet:

„Die

„ Die Flüchtlinge haben auf ihrem Rückzuge
„ auf das schändlichste geplündert. Ihre An-
„ zahl mag sich ohngefähr auf 5000 belaufen;
„ drey Viertheil davon waren ohne Gewehr.
„ Zu Weissenburg kam am 2ten und 3ten No-
„ vember ein Trupp nach dem andern an; Sie
„ brachten Ochsen, Bauernpferde, Geld und
„ Kaufmannswaaren in Menge mit. "

Da die Nachrichten aus **Straßburg** selbsten solche
Schilderungen machen, so kann man sich leicht vorstellen, was vor Greuelthaten die Franzosen auf ihren Rückzuge ausgeübet haben. Diesen Abend ge-
schahen 16 Kanonenschüsse von den Kaiserlichen auf
die französischen Arbeiter vor dem hiesigen Neckar-
Thore, davon abermal zwey Kugeln in die Stadt
flogen, und wo sie hinfielen, alles zerschmetterten.

Montags den 9ten November.

Da die Franzosen disseits des Neckars, an dem
sogenannten Rosengarten, an einer neuen Batterie
zu arbeiten angefangen, und abermals viele Bauern
vom linken Rheinufer dazu herüber gebracht haben,
so feuerten heute die Kaiserlichen sehr stark auf die
Arbeiter mit Kanonen und Haubitzen; dagegen die
Franzosen von den hiesigen Wällen ein gleiches thaten.

ten. Mehrere Haubitzen und Kanonen-Kugeln flogen über die Wälle in die Stadt, und richteten beträchtlichen Schaden an. Eine Kanonen-Kugel flog
in das Haus des Kaufmann Herrn Peter Brenta-
no, und da dieser auch einen Glaßhandel hat, so
zerschmetterte die Kugel einen grossen Theil davon.
Eine Haubitze fiel in das Haus eines Sellers in der
Neckar-Strasse, zerschlug den ganzen Dachstuhl, und
zerschmetterte alle Fenster. Drey Arbeiter wurden
getödtet, und einige Kanoniers auf dem Wall verwundet. Dergleichen unvermuthete Vorfälle sind
weit gefährlicher, als ein anhaltendes Kanoniren;
dann bey lezterem verbirget man sich in die Keller,
bey ersterem aber kommen die Kugeln unvermuthet,
da dann manche Person den Tod findet. Heute
haben die Franzosen sehr viele Baustämme und einige tausend halb Ehlen lange eiserne Nägel vor das
Heidelberger Thor gebracht. Was sie damit machen
wollen, weiß man noch nicht.

Dienstags, den 10. November.

Der heutige Tag gieng für Mannheim ziemlich
ruhig vorbey, ausser daß man Abends ein starkes
Kanonen- und Musqueten-Feuer hinter und seitwärts
Frankenthal, sahe und hörte; allein von dem Er-
folge hat man, wegen einbrechender Nacht noch
nichts

nichts erfahren. Doch hört man aus dem Kanonendonner, der immer näher kommt, daß die Franzosen retiriren, und es vielleicht, nicht weit von Mannheim, zu einer Hauptschlacht kommen werde, indeme, nach Aussage der Franzosen, Pichegrü
Verstärkung erhalten haben soll.

Mittwochs, den 11ten November.

Die vergangne Nacht, die eine Nacht des Jammers und Schreckens war, wird schwerlich Mann-
helms Einwohnern, so lange sie leben, aus dem
Gedächtniß kommen, und mancher wird wohl einen
baldigen Tod, oder einen siechen Körper zu gewar-
ten haben; dann alle bisherige Angst ist gegen die
in voriger Nacht ausgestandene, in keine Verglei-
chung zu stellen; indeme auf einem ruhigen Tag,
eine Nacht des Jammers erfolgte. Ohne daß nur
Jemand an einen einzigen Kanonenschuß gedachte,
so entstand Abends um halb 8 Uhr ein solch entsetz-
liches Kanonen- und Mùsqueten-Feuer, daß man
glaubte, Himmel und Erde würde würde zusammen
stürzen. Kaum nahm dieses seinen Anfang, so fiel
eine Haubitze in des hiesigen Burger und Brand-
weinbrenner Moll seine Behausung, wo ein groser
Vorrath von Holz war, und zündete. Nun denke
man sich den ausserordentlichen und ununterbroche-
nen

nen Kanonen-Donner aus der und in die Stadt, —
den fürchterlichen Schall der Feuerglocke — das
Lamentiren der Nothleidenden, um Hülfe — das
Brüllen des in der Nähe des Feuers stehenden Vie-
hes — und stelle sich eine Himmel hoch steigende
Feuerflamme vor, so wird man leicht einsehen können, daß ein allgemeines Elend herrschte, absonderlich, da ein unausgesezter Kugelregen, (ausser
denen zu den Feuerspritzen bestimmten Persohnen)
fast einen jeden Bürger und Einwohner abhielt, aus
seinem Haus zu gehen, um seinen Mitbürger helfen
zu können. Die Franzosen bezeigten sich zwar thä-
tig bey dem Feuerlöschen; allein sie benutzten diese
Gelegenheit meistens dazu, um zu plündern und andere Ausschweifungen zu begehen, welches die leidi-
ge Erfahrung zeigte. Dieser unglückliche Brand legte daher in wenigen Stunden 7 Wohnhäuser und einige Scheuern in die Asche, wobei auch einiges Vieh
verbrannte. Diese fürchterliche Kanonade dauerte
von Dienstag Abends halb 8 Uhr bis Mittwoch
Morgens halb 6 Uhr ununterbrochen fort, während
welcher Zeit 52 Haubitzen und eine unzählliche Menge 8 und 12 pfündige Kanonen-Kugeln in die Stadt
flogen, wodurch eine grose Anzahl Häuser sehr stark
beschädiget, viele Einwohner verwundet, und des
Burger Krämers Frau getödtet worden. Während dieser Kanonade kamen von Neckerau her,

eini-

einige Schiffe Kaiserl. Soldaten und Pontoniers den
Rhein herunter gefahren, um die Anker-Seile, der
über diesen Fluß stehenden französischen Schiffbrücke
abzuhauen, und die Schiffe, worauf diese Brücke
ruhet, dem reissenden Strom zu überlassen. Sie waren auch so glücklich, 5 Schiffe loß zu machen,
wurden aber durch die herannahenden Franzosen daran verhindert, und ein Kaiserl. Offizier nebst 21
Gemeinen zu Gefangenen gemacht. Gestern haben
die Franzosen zu Grünstadt einen grosen Verlust
gehabt; und diesen Nachmittag um 4 Uhr sahe
man sie schon gegen Dürkheim zu, ingleichen von
Frankenthal her, in gröster Retirade, und die Kaiserlichen hinter ihnen her. Ueberhaupt ist die Retirade der Franzosen ein ununterbrochenes Gefecht.
Bey oder seitwärts Frankenthal siehet man einen
grosen Brand. Der ganze heutige Tag war mit
Kanonen- und kleinem Gewehrfeuer untermischt, dann
die Kaiserlichen fangen an, vor dem Heidelberger
Thor, bey der Kaisershütte, zwey Breche-Batte-
rien anzulegen. Wegen der bevorstehenden Nacht
ist alles schon wieder voller Aengsten.

Donnerstags, den 12. November.

Unsere gestrige Angst, wegen der vergangenen
Nacht, traf leider! ein. Ohnerachtet das Kanonen-
feuer

Feuer aus- und in die Stadt, nicht so heftig war,
als gestern; so verkündigte doch Abends um halb 9
Uhr, das Geschrey: Feuer! (dann auch die Feuerglocke darf nicht mehr angezogen werden) einen aber-
maligen Brand an, indem eine Haubitze in des allhiesigen Bürgers Ungemach Scheuer fiel, und solche sogleich in volle Flammen setzte. Das Feuer
war so wüthend, und die Flamme so groß, daß die
Funken beynahe über die halbe Stadt wegflogen,
und Angst und Furcht vergrösserten. Da aber der
Kugelregen nicht so stark, als gestern war, und
sich also mehrere Personen zum Feuerlöschen einfan-
den; so grief das Feuer nicht weiter um sich. Die
ganze Nacht hindurch feuerten die Franzosen alle 5
und 10 Minuten eine 24 pfündige Kanone auf die
kaiserl. Arbeiter ab, welche von daher wieder beant-
wortet wurde. Die sogenannte Kaisershütte vor
dem Heidelberger Thor, ein schönes grosses Gebäude, so einer Wittfrau gehöret, stehet nun auch in
vollen Flammen. Von 6 Uhr Morgens, bis diesen Mittag um 1 Uhr war es stille; allein nun höret man den Kanonendonner schon wieder. Sichern
Nachrichten zufolge, sind die Kaiserlichen gestern
Abend noch, nachdem der linke Flügel der französischen Armee, unter General Pichegrü, dem ein
Pferd unter dem Leibe erschossen wurde, gänzlich
geschlagen worden, in Frankenthal eingerückt,

E   und

und diesen Nachmittag um 4 Uhr siehet man die Kaiserlichen schon bey Oggersheim, und die Patrouillen kommen näher gegen unsere Stadt. Eben
wird in der ganzen Stadt bekannt gemacht, alle
Häuser mit Wasser zu versehen, und der Markt ist
mit Feuerlöschungs=Geräthschaften bedeckt. Welch
eine traurige Nacht stehet uns wieder bevor! Um
halb 5 Uhr diesen Abend wurde ein französischer Offizier mit einem Trompeter an den Herrn General
Grafen von Wurmser, abgeschickt.

Freytags, den 13ten November.

Nachdem gestern Abend der französische Offizier
vom Herrn General Grafen von Wurmser zurück-
gekommen, so wurde das Kanoniren aus hiesiger
Festung eingestellt. Allein diesen Vormittag um 10
Uhr fieng es wieder an. Man spricht von Unterhandlungen; allein wer kann dieses wissen, da man
von den Franzosen kein wahres Wort erfähret. Den
ganzen Nachmittag dauerte das Treffen wieder über
dem Rhein zwischen den Kaiserlichen und französischen
Armeen fort, und sie kamen so nahe, daß man das
kleine Gewehrfeuer allhier deutlich hörte. Nur die
Nacht endigte wiederum den Kampf, wo man an
einigen Orten Feuer bemerkte. Von heute Morgen
bis diesen Abend sind zwey französische Trompeter

zu

zu dem Herrn General Grafen von **Wurmser** abge=
gangen; allein man erfähret nicht, was deren Sendung
bedeutet; ja wir wissen noch nicht einmal, ob
Mannheim von den Kaiserlichen schon aufgefordert
worden sey, oder nicht.

Samstags, den 14ten November.

Von allen Seiten werden wir von den Franzosen
getäuschet, und ihre ganze Absicht scheinet zu seyn,
Mannheim ganz zu ruiniren. Um die Bürger
und Einwohner in etwas zu besänftigen und zu be=
ruhigen, schickte der französische Kommandant **Mon=
taigü** so viele Trompeter aus der Stadt, mit dem
Vorgeben, sie alle giengen mit Unterhandlungen zu
dem Herrn General Grafen von **Wurmser**; da
aber die meisten zu geschwind wieder zurück kamen,
so glaubt man, sie ritten nur ein wenig spazieren.
Wäre **Mannheim** wirklich noch nicht aufgefordert,
so wäre es ein Exempel ohne Exempel, eine Fe=
stung ohne vorherige Aufforderung so zu beschießen,
wie Mannheim schon beschossen und ruiniret worden
ist. Ohnerachtet nun die französische Garnison zu
schwach ist, die Festung zu vertheidigen, — sie auf
unserer Seite von den Kaiserlichen ganz eingeschlossen
ist, und vielleicht auch bald am linken Rheinufer vor
der Stadt stehen, und uns einschließen, — General

E 2   **Pichegrü**

Pichegrü am Donnerſtag gänzlich geſchlagen worden, und ſelbſten einige Bleſſuren bekommen; ſo
fiengen die Franzoſen doch geſtern Abend um halb
8 Uhr an, von den hieſigen Wällen Bomben auf die
kaiſerliche Batterien zu werfen. Allein, welch ein
Schrecken! die Kaiſerlichen thaten ein gleiches auf
unſere Stadt, und ſchon um 8 Uhr Abends, ſahe
man das ſchöne Mannheim an unterſchiedlichen
Orten im Feuer ſtehen, indeme faſt eine jede Bombe oder Haubitze, die in ein Haus fiel, auch ſogleich zündete. Einige ausgebrochene Feuer wurden bald wieder gelöſchet; allein das eine, wo die
Bombe oder Haubitze in die Poſthalter Fröhlichi-
ſche Scheuer fiel, und zündete, war fürchterlich,
dann es ſtanden noch mehrere Häuſer und Scheuern
in dieſem Quadrat, welche alle ein Raub der Flamme wurden. Den Jammer der gutgeſinnten Mannheimer Bürger kann meine Feder nicht beſchreiben;
allein jeder, der dieſes lieſet, kann ſich ſolchen leicht
vorſtellen. Geſtern gegen Abend giengen noch zwey
franzöſiſche Offizier mit einem Trompeter von hier
hinaus, und ſo wie man ſagt, zu dem Herrn General Grafen von Wurmſer. Dieſen Mittag fieng
das Bombenwerfen in die Stadt wieder an, und
man hörte oft Feuer rufen, und die Feuerſpritzen
durch die Gaſſen rennen. Da die Kaiſerlichen ſich
wieder bis nach Frankenthal zurück gezogen hatten,

ten, so höret man seit diesen Mittag ein ganz auf-
serordentliches Kanonen-Feuer von daher, welches
aber immer wieder näher zu uns kommt, und also
ein Zeichen ist, daß die Kaiserlichen vorgerückt sind.

Sonntags, den 15ten November.

Die Armee des Generals Pichegrü, die sich bey
Friesenheim, Oggersheim und Dürckheim
wieder gesammelt und gesezt hatte, ist von den Kaiserlichen gestern gänzlich zurück geschlagen worden,
und unsere Stadt ist nunmehr von denselben völlig
eingeschlossen; daher sich doch in balden unser Schicksal ändern wird. Vergangene Nacht sollte die Rheinbrücke von den Franzosen abgeführet werden; sie
wurde aber von dem Strom fortgerissen, und ist
größtentheils den Kaiserlichen in die Hände gefallen.
Vergangene Nacht bekamen wir wieder viele Bomben in unsere Stadt, und es siehet fürchterlich aus,
eine so grose Anzahl beschädigter Häuser zu sehen.
Da die grose neue Caserne, worinn seither einige Bataillons Franzosen lagen, den Bomben zu stark ausgesezt ist; so wurden sie heute von da heraus, und
in die schöne evangelisch-lutherische Kirche geleget,
welche nun bald auch ziemlich ruinirt, oder gar in
Brand gestecket werden wird. Dann kaum waren
sie darinn, so waren auch schon mehrere Feuer in

E 3 den

den Gängen, auffen um die ganze Kirche, und an
allen da herum liegenden Häufern angemacht. Die
meiften Perfonen aus diefer evangelifch = lutherifchen
Gemeinde haben an ihren Kirchenftühlen kleine, zier=
lich gemachte und verfchloffene Behältniße, in be=
nen fie ihre Gefangbücher verwahren. Die Franzo=
fen erbrächen diefe Behältniße fogleich, verbrannten
folche mit denen, meiftens koftbar eingebundenen,
Gefangbüchern, unter lautem Jubel, und verkauf=
ten die eiferne und meßingene Befchläge um einige
Kreuzer. Diefen Nachmittag giengen einige bürger=
liche Deputationen zu dem franzöfifchen Komman=
danten, ftellten ihm ihre ausgeftandene und noch be=
vorftehende gröfere Noth und Jammer vor, und ba=
ten, daß, da nunmehr die Stadt von allen Seiten
von den Kaiferlichen eingefchloffen fey, und er alfo
keinen Entfatz zu hoffen hätte, er doch die Stadt
fchonen, und kapituliren möchte. Allein er antwor=
tete abermal:

„ Da er mit feinem Kopf für die Feftung fte=
„ hen müßte; fo könnte und dörfte er fie nicht
„ übergeben, fondern wollte fich lieber unter
„ dem Schutt begraben laffen.“

Daß diefes eine fchreckliche Entfchlieffung des Kom=
mandanten ift, wird ein jeder leicht einfehen, indeme
er

er nicht im Stande ist, mit seiner geringen Garnison, Mannheim, das weitläuftige Werke hat, zu
befreyen. Wir sehen also nichts anders vor Augen,
als gänzliche Verwüstung der Stadt, indeme die
Kaiserlichen nunmehr auch anfangen, in der Rheinschanze, auf dem linken Rheinufer, Batterien gegen
unsere Stadt zu machen. Diesen Abend zwischen
4 und 5 Uhr war das Bombardement auf die Stadt
ärger als seither, und wir sehen den lezten Augenblick unsers Lebens, mit Zittern entgegen.

Montags, den 16ten November.

In verflossener Nacht brannte auch noch die neue
Kaserne, eines der größten und weitläuftigsten Ge-
bäude hier, nebst verschiedenen andern Häusern und
einigen Scheuern ab. In der eben gemeldeten neuen
Kaserne waren sehr viele neue pfälzische Montirungs-
Stücke, als Ueberröcke, Röcke, Hosen, Camaschen,
Hember und Bettücher, welch alles die Franzosen
krippten, (so nennen sie das Stehlen) und um ein
Spottgeld verkauften. Als zum Exempel: Einen neuen
Ueberrock um 24 Kreutzer, einen Montirungs-Rock
um 12 Kreutzer, ein Bettuch um 8 Kreutzer, und
ein paar schwarz wollene Camaschen um 2 auch 3
Kreutzer. Von dem Brand der Kaserne trugen sie
ganze noch brennende Balken durch die Stadt, um

E 4 bey

bey der lutherischen Kirche ihr Feuer zu unterhalten,
ohnerachtet sie anderes Holz genug hatten. In den
Nebengebäuden, wo einmal ein Brand entstanden
war, raubten sie, so wie ich schon gemeldet, alles
was sie erwischen konnten, oder nahmen die Sachen,
die man in Sicherheit bringen wollte, den Leuten
auf der Strasse weg. Ueberall herrschet nichts als
Elend. Ist man vom Feuer verschonet, so ist man
vom Raub oder andern Mißhandlungen nicht sicher.
Die ganze vergangene Nacht dauerte das Bombardement unausgesezt fort; daher auch, ohne die ab-
gebrannten, sehr viele Häuser von den Kanonen-
Kugeln zerschmettert oder durchlöchert wurden. Diesen Vormittag um 10 Uhr versammelte sich eine
Menge Männer, Weiber und Kinder, vor dem
Haus des Kommandanten, und bathen ihn mit
Thränen und aufgehobenen Händen um Abwendung
des gänzlichen Ruins von Mannheim, allein seine Antwort war nicht tröstlicher, als die schon vor-
hergehenden. Seit diesem Auftritt ist die Hauptwacht und des Kommandanten eigene Wache ver-
stärkt, und die Cavallerie und Infanterie macht
durch alle Strassen Patrouillen. Wegen einreissen-
dem Mangel an Mehl, verkaufen die Becker heute
schon das Brod Stückweiß, damit Jedermann nur
etwas bekommen möge.

Dienstags,

Dienstags, den 17ten November.

Auch die vergangene Nacht ware wieder Schrei
ckenvoll, dann der Donner des Geschützes brüllte
unaufhörlich, und ausser vielen Kugeln, kamen auch
Bomben und Haubitzen in Menge in die Stadt,
und zündeten. Die Stengel- und Rittmülleri-
sche Scheuern stehen noch in vollen Flammen, und
man wendet alle Mittel an, um wo möglich, die
Nebengebäude zu retten. Da kein Zeichen mehr
mit der Feuerglocke bey einem entstandenen Brand,
durfte gegeben werden, so darf ich nicht vergessen,
hier öffentlich anzurühmen, daß der allhiesige wür-
dige katholische Herr Dechant und Stadtpfarrer
Spielberger, keine Gefahr scheuete, mitten in der
Nacht und unter beständigem Kugelregen durch alle
Strassen der Stadt zu gehen, und die Bürger und
Einwohner zum Feuerlöschen zusammen zu rufen, ja
flehentlich zu bitten. Wir haben seit 2 Tagen sehr
kaltes Wetter, so, daß dickes Eiß gefriert. Nimmt
die Kälte zu, und unser gewiß erbarmungswürdiges
Schicksal ändert sich nicht, so kann die ganze Stadt
ein Raub des Feuers werden, weil das Wasser in
den Spritzen gefrieret. Von diesem Morgen bis
Mittag um 11 Uhr war das Bombardement erträg-
lich, allein um halb 12 Uhr gieng ein solch gräß-
liches Feuern an, desgleichen seit der ganzen Bela-

E 5 gerung

gerung nicht gewesen ist. Bomben, Haubitzen und
Kanonen = Kugeln flogen wie Schneeflocken in die
Stadt, und verkündigten allgemeines Verderben.
Dieses anhaltende Feuern dauerte bis Nachmittag
2 Uhr, wo es sich in etwas minderte, doch nicht
ganz nachließ. Um 4 Uhr war es wieder heftiger,
und dauerte bis halb 6 Uhr, wo es abermals nach=
ließ, und nur abwechselnd, bald stärker, bald min=
der, bis in die Nacht um 11 Uhr dauerte, dann
aber ganz nachließ. Da in dem grosen Schloß=
Herzoglich=Zweybrückischen=und dem Comödienhaus=
Keller, allen hiesigen Einwohnern, ein Zufluchts=
Ort erlaubt wurde, so ware es überaus jammervoll
anzusehen, wie alle Gattungen Menschen, alte
wankende Greise, Männer, Weiber und Kinder,
mit einigen ihrer besten Habseligkeiten, dahin wan=
delten. Mit Seufzen betrachteten sie nochmals ihre
Häuser und Wohnungen, woraus sie giengen, und
häufige Thränen benezten die Strassen, worauf sie,
mit Lebensgefahr, an ihren Zufluchtsort eilten.
Kindbetterinnen wurden dahin getragen, einige
schwangere Frauen wurden im Keller entbunden,
und Kinder starben, die auch so lange unbegraben
bleiben mußten, bis man sie sicher in ihre Ruhe
bringen konnte. Kranke seufzten nach Hülfe, und
man konnte ihnen nicht helfen, weil auch Aerzte
nicht ohne Lebensgefahr, weder gerufen, noch aber

aus

aus dem Hauſe gehen konnten. In einer ſolch er=
barmungswürdigen Lage iſt unſere Stadt, und wir
können mit Recht ausrufen:

Hilf, Helfer, hilf, in Angſt und Noth!

Man glaubt, die Kaiſerlichen haben angefangen,
Breſche zu ſchieſſen; da ſich aber faſt niemand mehr
aus dem Hauſe zu gehen getrauet, ſo weiß man
noch keine Gewißheit. Gegenwärtig liegen 14
Scheuern, die groſe neue Kaſerne und ſehr viele
Bürgershäuſer in der Aſche, auch werden wohl ſchwer=
lich noch fünfzig ganz unbeſchädigte Häuſer in der
Stadt ſeyn.

Mittwochs, den 18ten November.

Unſer Elend wird immer gröſer, und die Ausſich=
ten ſchauervoller. Schon dieſen Morgen um halb
8 Uhr gieng das fürchterliche Kanonen= und Haubiz=
zen=Feuer, ingleichen das Bombenwerfen in die
Stadt wieder an. Um 9 Uhr Vormittags flog eine
Bombe auf den Wall, zwiſchen dem evangeliſch=
lutheriſchen Kirchhof und dem Heidelberger Thor,
in das Pulver=Laboratorium, und ſprengte die dar=
inn arbeitende, und die auf dem Wall geſtandene
Kanonier und Soldaten, ohngefähr ein paar 100
Mann

Mann an der Zahl, mit allen Kanonen und Haubiz=
zen in die Luft. Alle Häuser der Stadt wankten,
und die Erschütterung muß man auf viele Meilen
Weges weit verspühret haben. *) Viele nahe am
Wall gestandene Häuser stürzten zusammen, und
durch einen grosen Theil der Stadt liegen in allen
Gassen zerstümmelte Menschen=Körper, Aerme, Füs=
se, Eingeweide, wie auch ganze und halbe Köpfe, und
an vielen dergleichen Stücken, brannten noch die daran
gehangene Fetzen von Kleidungen. Gehe hin, un=
erbittlicher Kommandant! und siehe diese zerstümmel=
te Menschen=Körper liegen, vielleicht bringet dich
dieser schaudervolle Anblick zum Mitleiden, gegen
uns unschuldige Einwohner. Der ganze lutherische
Kirchhof ist beinahe ganz mit Schutt bedecket, einige
Grabsteine zerschmettert und umgeworfen, ja alle
todte

*) Ein glaubhaftes Schreiben aus Nürnberg, vom
   30ten November sagt:
    „ Sie werden sich wundern, wenn ich Ihnen
    „ sage, daß wir die Kanonade der Belagerung
    „ von Mannheim, vom 17. 18. und 19ten No=
    „ vember ganz deutlich in unsern Gegenden hör=
    „ ten, doch es ist Wahrheit. So gar der Schlag
    „ des Pulver=Magazins, welches in die Luft flog,
    „ wurde bemerkt. ‟
   Noch ein anderes Schreiben aus dasiger Gegend vom
   2ten December meldet solches.

todte Leichname in ihrem Grabe erschüttert und be-
unruhiget worden. Eine grofe in die Luft geflogene
Haubitze, mit samt der Lavette, fiel auf das Haus
des nicht weit von dem Heidelberger Thor, neben
der Münz wohnenden Bierbrauers **Bernhardi,**
und schlug solches ganz zusammen. Um 4 Uhr diesen Nachmittag gieng ein französischer Offizier mit
einem Trompeter zu dem Herrn General Grafen
von **Wurmser.** Da dieser aber bald wieder zurück
gekommen, so wurde er entweder nicht vorgelassen,
oder man nahme ihm bey der ersten Kaiserlichen
Wache seine Depechen ab.

Donnerstags, den 19ten November.

Ohnerachtet das Feuer in die Stadt, und aus derselben, die vergangene Nacht nicht so heftig, als sonsten
war, so sind doch von gestern Abend 9 Uhr bis diesen Morgen um 6 Uhr wenigstens 80 Bomben ge-
zehlet worden, die herein kamen, und greuliche Verwüstung angerichtet haben. Um 7 Uhr wurde es
wieder so heftig, wie gestern. Um halb 9 Uhr sprang
abermals ein Pulver-Magazin zwischen dem Heidelberger und Neckar-Thor in die Luft, wodurch der
Wall eine zweyte Oefnung bekam. Die Belagerer,
die nun ihre zweyte Parallele geendiget hatten, nä-
herten sich immer mehr der Stadt, und in dem näm-

- lichen

lichen Grade wurde auch das Bombardement schreck-
licher. Das fürchterlichste Kanonen-Feuer hielt an, —
Kugeln regneten in die Stadt, — Bomben und
Haubitzen flogen, die mit gräßlichem Knall und Ge-
praffel zerplatzten, — in die Auffenwerke wurden
unter die dort poftirten Franzosen Wachteln geworfen, — die geborftenen Bomben und Haubitzen spien
Feuer und Flamme aus, und das Churfürftl. Gieß-
haus brannte ab. Um halb 10 Uhr gieng wieder
ein französischer Offizier mit einem Trompeter zu
dem Herrn General Grafen von Wurmser ab. Um
2 Uhr Nachmittags ließ der Kommandant 7 Pulverwägen auf die Strasse, neben der reformirten Kirche führen, um sie allda stehen zu lassen. Da aber
auf diesem Platz, während dem Bombardement,
schon eine Menge Bomben und Haubitzen gefallen
und zersprungen waren, so wollten solches die in da-
figer Gegend wohnende Bürger nicht leiden, und be-
schwerten sich bey dem Kommandanten. Da nun
dieser zur Antwort gab:

„ Es wären in denen Wägen nur lauter Flin-
„ ten-Patronen, welche bey einer allenfalsigen
„ Entzündung in die Höhe fliegen,“

und sie also nicht wegbringen ließ; so waren einige
Bürger und tapfere Bürgers-Söhne sogleich herzhaft
genug,

genug, diese Stadt-verderbliche Pulverwägen zu er-
greifen, und vor das Neckar-Thor hinaus zu führen,
ohnerachtet diese junge Helden sahen, daß die Kanonen-Kugeln vor und neben ihnen zur Erde fielen.
Habt Dank, ihr gutgesinnten Bürger und Jünglin-
ge! vor euren wichtigen Dienst, den ihr der Stadt
geleistet. — Wüßte ich eure Namen, mit Freuden
wollte ich sie der Welt bekannt machen. Aber Segen seye über euch! — Diesen Abend um 5 Uhr ist der
Kommandant mit seinem Adjutanten, einem Trompeter und Husaren, zu dem Herrn General Grafen von Wurmser abgegangen, welcher sich dem
Vermuthen nach zu Seckenheim oder Schwezingen befindet. Man hoffet nunmehro eine bal-
dige Kapitulation, weil nicht allein durch die zwey
in die Luft geflogene Batterien viele Kanoniers und
Soldaten umgekommen, sondern auch die noch übrigen bereits anfangen, schwürig zu werden, weil
sie, wegen der geringen Besatzung, Tag und Nacht
kein Ruhe haben. Zwischen 3 und 4 Uhr diesen
Nachmittag, kamen die meisten Bomben in die Stadt.

Freytags, den 20ten November.

Unser Elend ist ohne Grenzen, und wann Gott
nicht Wunder thut, und die Herzen der Menschen
regieret, so ist das gute und schöne Mannheim
eine

eine gänzliche Brandstätte, und sämtliche Einwohner finden unter den Feuer-Hügeln ihr Grab. Schon
den 14ten dieses Monats wurde bekannt gemacht,
daß alle Frauenspersonen Erlaubniß hätten, aus
der Stadt zu gehen, und wer dieses thun wollte,
sich bey dem Herzogl. Zweybrückischen Hofmarschall,
Freyherrn von Gohr, als Bevollmächtigter, melden sollte. Da jedermann Tod und Verderben vor
sich sahe, so wünschte jeder Gatte seine Gattin in
Sicherheit, und doch auch bey jedem unangenehmen
Zufall, als seine getreueste Gehülfin bey sich zu haben. Hier stritte unzertrennliche Liebe, und doch
auch Sicherheit seines liebsten Eigenthums, mit ein=
ander, in dem Herzen jedes getreuen Mannes. Dort
jammerten Gatten und Gattinnen mit einander,
und wußten nicht, zu was sie sich entschliessen sollten. Da hiengen weinende Kinder an ihrer Mutter,
und bathen sie, bey ihnen zu bleiben. — O welch
eine herzerschütternde Scene! — Ich sahe einen
dergleichen rührenden Auftritt, da eine mir schäzbare
Freundin zu ihrem Manne sprach:

„ Ich weiche nicht von deiner Seite. — Wie
„ es dir ergehet, so solle es auch mir ergehen.—
„ Bin ich in guten Tagen bey dir gewesen, so will
„ ich auch die angst-und jammervollen Tage mit
„ dir durchleben. — Wir wollen uns auf die
„ Hülfe des Herrn verlassen.„

So

So sprach Sie, und Thränen rollten über Ihre Wangen herab. Segen seye über Dir, Du getreue Gattin! Heiter müssen Deine künftigen Tage, und wonnevoll Dein ganzes Leben seyn. — Mehr als sieben tausend Personen meldeten sich bey schon belobten Freyherrn von Gohr. Indessen ward das Verzeichniß durch einen Trömpeter an dem Herrn General Grafen von Wurmser abgeschickt. Da aber die Zahl zu groß war, so kam am 15ten die Entschließung zurück, daß die gehoffte Erlaubniß allen ohne Unterschied, auch denjenigen, die requirirt worden waren, abgeschlagen sey; es war also jedes seinem und der Stadt Schicksal überlassen. Der gestern gegen Abend zu dem Herrn General Grafen von Wurmser abgegangene französische General solle noch nicht zurück gekommen seyn. Niemand glaubt, daß er wirklich dahin gegangen, dann die vorige ganze Nacht und heute den ganzen Tag hindurch, wurden wir mit Bomben, Haubitzen und 24 pfündigen Kanonen-Kugeln auf das erbarmungswürdigste geängstiget. Schon gestern Abend um halb 8 Uhr standen zu gleicher Zeit, der Kammerstall, die große Gardereuter-Kaserne, die wallonische und die deutsche reformirte Kirche und mehrere Privathäuser in vollen Flammen, und die Glocken auf den Thürmen flossen wie Wasser. Fürchterlich war dieser Brand, besonders je-

8   ner

ner von der reformirten, der deutschen sowohl als
der wallonischen Kirche; so hoch als der Thurm,
der im Feuer glühte, schlug die ungeheure Flamme
in die Schauer der Nacht, und sezte die Stadt und
das ganze Firmament in eine Feuerglut, durch welche
Rauch und Dampf wie Wolken hinwallten. Nir-
gends war keine Rettung möglich, dann die Wuth
des Feuers war zu groß, der brennenden Gebäude
zu viel, und der Sprizen zu wenig. Ein sehr sub-
tiler Regen, der die Dächer der nahe stehenden Häuser ein wenig befeuchtete, und das Wasser, welches
die Hauseigenthümer aus den Speicherlöchern auf
die fast glühende Dächer gegossen, machte, daß die
Flamme keine Nebengebäude ergriff. Während
diesem grosen Brand feuerten die Franzosen stärker
als jemals aus allen Batterien um die ganze Stadt,
weil sie von den Kaiserlichen einen Angriff befürchteten.

Samstags, den 21ten November.

Der oben angezeigte gestrige fürchterliche Brand
hat nicht weiter um sich gegriffen, und ohnerachtet
die Franzosen bis diesen Morgen um 4 Uhr ununterbrochen hinaus feuerten, so waren die Kaiserlichen
doch stille, und wir hatten wenige Stunden Zeit,
uns in etwas zu erholen. Allein, welch ein Jammer folgte auf diese kurze Stille, der uns gänzlich

zu

zu Boden schlug, und uns nichts anders erwarten
ließ, als gänzliches Verderben, schmählichen Tod
und Grab. — Die Kaiserlichen hatten nun auch
über dem Rhein Batterien errichtet, um unserer
angstvollen Stadt auch von dieser Seite zuzusetzen.
Die Franzosen fiengen gestern Abends an, von den
hinter dem Schloß und sonst am Rhein gelegenen
Batterien heftig darauf zu feuern. Die Kaiserlichen
erwiederten das Feuer so kräftig, daß diesen Morgen um 8 Uhr schon ein Theil des Churfürstl. Schlosses, das Opern- und Ballhaus in vollen Flammen
stand. Bald ward der ganze Flügel bis an die
Schloßkapelle ergriffen, und das ganze schien ohne
Rettung verloren zu seyn. Glücklicher Weise ward
die weitere Verbreitung des Brandes, durch Abwer-
fung des Daches bis an den Pavillon an der Ka-
pelle, und desjenigen, welches die Verbindung mit
dem ehemaligen Jesuiten-Collegium machte, gehemmet. Durch diesen Brand gieng das schöne physi-
kalische Kabinet mit den kostbarsten Instrumenten—
die zum Oper- und National-Theater gehörigen De-
korationen, — der zur Verfertigung derselben die-
nende Malersaal, — der ganze Hausrath der in
diesem Schloßflügel wohnenden Aufseher, — und
ein grosser im Hof sitzender Vorrath Kammerholz
verlohren. Selbst die Schloßkapelle wurde dadurch
beschädiget. Um 9 Uhr fiengen noch mehrere Ge-

F 2 bäude

bäube an zu brennen. Eine Haubitze flog in den katholischen Pfarrthurm, und zündete, wurde aber
glücklich gelöschet. Der Jammer der Einwohner
war aufs höchste gestiegen; kaum war nur noch ein
Zufluchts- oder Sicherheitsort in der ganzen Stadt.
Kaum war ein Haus in der einen Hälfte der Stadt
unbeschädiget geblieben, die meisten waren unbe-
wohnbar gemacht worden. Die unglücklichen Bewohner flohen, um Sicherheit ihres Lebens zu finden; unter Kugelregen liefen sie in augenscheinlicher
Lebensgefahr fort, konnten aber keinen Augenblick
einen sichern Schritt thun. Selbst jene, die sich
Feuer- und Bomben-feste Plätze zum Aufenthalt ge-
wählt hatten, waren in Besorgniß umzukommen,
wenn die Gewölbe einstürzen, oder verschüttet werden sollten, — wenn ihre Lebensmittel ausgehen
sollten, — ihre Dienstbothen keine mehr holen, —
Bäcker, Metzger, Krämer und Wirthe, die bisher
immer noch mit Lebensgefahr verkauft hatten, nicht
mehr verkaufen könnten. Dieses alles brachte eine
gewisse Bestürzung hervor. Mit einer Art von Verzweiflung, versammelte sich dahero eine Anzahl
Männer, Weiber und Kinder vor dem Hause des
französischen Kommandanten, und wiederholten ihre
schon mehrmalen gethanene Bitte, um Abwendung
der gänzlichen Verheerung der Stadt. Da der
Kommandant die mit der Verzweiflung ringende Per-

soh-

ſohnen ſah, ſo ließ er die Bürger beſänftigen, und
durch den Stadt-Magiſtrat in der ganzen Stadt be-
fannt machen:

„ Ein jeder Bürger und Einwohner möchte ru-
„ hig ſeyn, dann ihr Schickſal ſollte heute noch
„ entſchieden werden.‟

Auf dieſe Nachricht wurde es wieder ruhig. Da
ſich die Churfürſtliche hohe Regierung und Stadt-
Magiſtrat bisher alle mögliche Mühe gaben, Mannheims Verheerung zu enden, ſo begaben ſich dieſen
Vormittag um 11 Uhr Herr Regierungs-Rath von
Lamezan und Herr Regierungs-Rath und Stadt-
Director Rupprecht, begleitet von einem franzöſiſchen Trompeter, zu Herrn General Grafen von
Wurmſer, welche um 2 Uhr Nachmittags wieder
zurück kamen, und ſich zu dem Kommandanten
Montaigu begaben. Da nun beede zurückgekom-
mene Herren Regierungsräthe, ohnerachtet des auf-
ſerordentlichen Kugelregens, unter dem ſie giengen,
erheitert ausſahen, ſo hatte man ſchon einige Hof-
nung, daß ſie bey dem Herrn General Grafen von
Wurmſer gnädiges Gehör gefunden hätten. Abends
um 5 Uhr wurde wieder ein Trompeter abgeſchickt,
und da um 6 Uhr der Kanonendonner von beyden
Seiten gänzlich aufgehöret hat, ſo hoffet man ri-
nen getroffenen Stillſtand, und daß dieſe Nacht

F 3   eine

eine Kapitulation noch zu Stande kommen werde.
So bald der Kanonendonner gänzlich aufhörte, so
kamen einige Personen aus den grosen Kellern hervor, und betrachteten bey dem Schein der noch im
Feuer stehenden Gebäuden mit Schauder die verheer-
te Stadt.

Sonntags, den 22. November.

Ohnerachtet man gestern Abend schon beynahe
ganz gewiß sich vorstellen konnte, daß unser Elend
ein baldiges Ende nehmen würde, so schlief man
doch unruhig, und einige tausend Personen blieben
noch im Keller. Allein kaum kamé der Tag, so kame auch neues Leben in alle Bewohner Mannheims, da durch alle Gassen der Stadt die fröliche
Nachricht erschallte:

„ Die Belagerung hat ein Ende, die
„ Kapitulation ist geschlossen."

Nun kamen alle, in den Kellern noch verborgen gewesene Personen zum Vorschein, und der Jammer
gieng von neuem an, da mancher das Haus seines
Freundes in Asche, — zusammen gestürzt — von den
Kanonen völlig durchlöchert — oder zur Bewohnung
unbrauchbar fand, und dieses Unglück hauptsächlich
viele am Wall herum wohnende Bürger betraf, deren ihr ganzes Vermögen in ihrem Häußgen bestand,
wor-

worinnen ſie mit ihren Familien wohnen konnten. Dieſes Elend wird durch die herannahende Winterszeit noch vergröſſert, dc, auch nur in den ſtark beſchädigten Häuſern, nicht einmal eine Reparation vorgenommen werden kann, und viele auch von allen Mitteln gänzlich entblöſet ſind. Aber verzaget nicht, unglücklich gewordene Bürger! über euern gewiß groſen Verluſt, dann ener Landes-Vater, Carl Theodor lebt noch. Dieſem guten Fürſten wird euer getroffenes Unglück gewiß zu Herzen gehen, und Er wird eilen, euch zu helfen. Auch Mannheim hat noch gute Bürger. Dieſe werden durch reichliche Beyſteuern euern erlittenen Verluſt reichlich erſetzen helfen. Wie leicht wäre es dem Eroberer Mannheims, Held Wurmſer, geweſen, eure ganze Stadt in wenig Tagen, ja in wenig Stunden, gänzlich zu Grunde zu richten. Aber nein! Er that es nicht, ſondern alles, was Er, auch noch ſchonend, thun ließ, mußte geſchehen um den alles verheerenden hartnäckigen Feinde von weiterem Vordringen und Länder-Verwüſtungen abzuhalten, euch zu befreyen, und ihn in ſeine Grenzen zurück zu treiben. — Dieſen Mittag um 12 Uhr ſahen wir ſchon zwey Kaiſerl. Infanterie-Regimenter, mit türkiſcher Muſik, an dem Heidelberger Thore vorbey, und um die Feſtung herum, gegen das Rheinthor ziehen, welche die Auſſenwerke beſezten, auch kamen ſehr viele kaiſerl. Offizier in die Stadt.

Da

Da die zwey größten Kasernen ein Raub des Feuers wurden, und die lutherische Kirche die Franzosen nicht alle fassen konnte; so lampirten sie auf freyer Straße. Morgen soll die kaiserl. Garnison in unsere Stadt kommen, und bald nachher die ganze Belagerungs-Armee über den Rhein gehen: dann da Pichegrü von dem Herrn General Grafen von Clairfait gänzlich geschlagen worden, so wird man bald wichtige Nachrichten hören. Vergangene Nacht wurde folgende Kapitulation geschlossen:

Kapitulation

zwischen dem Divisions-General Montaigu, Befehlshaber der französischen Truppen in Mannheim, und dem Grafen von Wurmser, kommandirenden General der davor stehenden österreichischen Truppen.

1. Artikel. General Montaigü wird die Festung Mannheim dem Herrn Grafen von Wurmser mit Kriegs-Munition und Geschütz, die sich darinn befinden, und in dem Zustande, worinn sie sind, am .... Novemb. 1795 überliefern.

Antwort. Die Festung soll den 23ten Novemb. 1795 überliefert werden.

2 Ar-

2. **Artikel.** Die französischen Truppen werden mit Waffen und Bagage aus Mannheim ausziehen, so bald die Mittel, auf das linke Rheinufer zu kommen, werden hergestellt seyn; in jedem Fall werden sie auszuziehen am . . . . Novemb. 1795 und die Marsch-Route halten, die zwischen den beyden kommandirenden Generälen wird festgesezt werden.

Antwort. Die französische Besatzung wird als Kriegsgefangene am 23ten Novemb. mit den Kriegsehren aus der Festung ziehen, die Waffen Morgens um 9 Uhr auf dem Glacis niederlegen, und die Marsch-Route halten, die ihr vom General Grafen von Wurmser wird angegeben werden.

3 **Artikel.** Die unter dem Befehl des Herrn Grafen von Wurmser stehenden Truppen Sr. kaiserlichen Majestät werden zwey Stunden nach geschehener Auswechselung der von beyden kommandirenden Generälen unterzeichneten Kapitulation die Neckarbrücken-Schanze, die äussern Posten des Heidelberger Thores, und die Schanze an der Rheinschließe besetzen, und nicht ehender in die Stadt einziehen, als bis die lezte Division der französischen Truppen wird ausgezogen seyn.

Ant-

Antwort. Nach unterzeichneter Kapitulation werden die österreichischen Truppen die äußere Werke des Heidelberger= und Rheinthores am 22ten Morgens um 8 Uhr besetzen.

4. Artikel. Gegen gutwillige Bezahlung und auf Ordre des Herrn Grafen von Wurmser sollen in dem Lande, wodurch die französischen Truppen ziehen, die Fuhren gestellt werden, welche zu Fortbringung der Effekten nöthig sind, die der Republik, den Corps und den einzelnen Soldaten von der Mannheimer Garnison zugehören.

Antwort. Man wird den französischen Truppen die zur Fortbringung der Effekten und des Eigenthums der Offiziere nöthigen Fuhren nach dem Landesüblichen Tare stellen. Alles, was der Nation gehöret, soll den österreichischen Commissarien eingeliefert werden.

5. Artikel. Der Herr Graf von Wurmser wird Ordre geben, daß die nöthige Fourage, und was sonst die Besatzung zu Mannheim sich nicht hat verschaffen können, in den Orten geliefert werde, wodurch die französischen Truppen passiren. Lebensmittel sollen die Truppen auf 4 Tage, von dem Tage ihres Abmarsches zu rechnen, zu Mannheim mitnehmen.

Ant=

Antwort. Man wird Sorge tragen, den
Truppen das Brod zu liefern. Die Offiziere,
welche ihre Pferde behalten wollen, werden
das Futter kaufen, welches ihnen derjenige,
der sie begleitet, um den laufenden Preis zu
verschaffen besorgt seyn wird.

6. Artikel. Die Kranken, welche im Hospital
zu Mannheim zurück bleiben, sollen von den
Gesundheitsbeamten der französischen Armee
verpflegt werden, die deßwegen zurück bleiben,
bis der Platz völlig geräumet wird, wozu die
nöthigen Fuhren bis zur ersten von den fran=
zösischen Truppen besetzten Stadt gestellet wer=
den sollen. General Montaigü verläßt sich
hierin auf die Menschenfreundlichkeit des Herrn
Grafen von Wurmser, daß den Kranken geleistet
werde, was zu ihrer Genesung erforderlich ist.

Antwort. Die französischen Kranken werden
leutselig behandelt werden, welches man in
dergleichen Fällen nie zu versagen pflegt; sie
sollen aber von österreichischen Wundärzten be=
sorgt werden. Nach ihrer Genesung sollen sie,
wie andere, Kriegsgefangene seyn.

7. Artikel. Ein Ingenieur=Offizier der fran=
· zösischen Armee wird einem österreichischen Of=
fizier die Karten, Plane und andere Gegen=
stände überliefern, welche den französischen In=

genieurs

genieurs seit ihrem Einzuge in Mannheim sind eingehändiget worden.

Antwort. Vorstehender Artikel soll Statt haben, so bald die österreichischen Truppen beyde oben benannte Thore besetzen werden, und versteht sich von allen militärischen Gegenständen, als Geschütz, Planen, Karten, Magazinen ꝛc. Zu welchem Ende österreichische Ingenieur= und Artillerie= Offiziere am 22ten November Morgens um 8 Uhr in die Stadt geschickt werden sollen.

8. Artikel. Die Regierung, die Magistrate und die Einwohner der Stadt Mannheim sollen auf keinerley Weise zur Verantwortung gezogen werden können, aus Ursache, daß diese Stadt in die Hände der Franzosen gekommen ist.

Antwort. Dieser Artikel hängt lediglich von dem Willen Sr. Majestät des Kaisers ab.

9. Artikel. Sobald der Tag des Auszugs der Besatzung aus Mannheim festgesetzt seyn wird, wird ein Staabs=Offizier der österreichischen Armee, in Begleitung eines Staabs=Offiziers der französischen, voraus gehen, um die nöthige Ordre zu ertheilen zum französischen Truppenmarsche und Einquartierung, bis diese auf ein von den Truppen der Republik besetztes Gebiet kommen.

Ant=

Antwort. Ist durch den 2ten Artikel beant=
wortet.

10. Artikel. So bald die Kapitulation von
beyden kommandirenden Generälen unterzeich=
net ist, wird Herr Graf von Wurmser einen
Passeport ertheilen, damit ein Staabs=Offizier
von der französischen Armee abgehen könne,
dem Oberbefehlshaber Pichegrü von gegenwär=
tiger Kapitulation Rechenschaft zu geben.

Antwort. Man wird an den General Pichegrü
den Bericht gelangen lassen, der an ihn von
dem General Montaigü wird erstattet werden.

Geschehen

Mannheim, am 30ten Brü=
maire, im 4ten Jahre der
französischen Republik.

Divisions = General, Oberbe=
fehlshaber der französischen
Truppen in Mannheim.
Unterzeichnet, Montaigü.

Geschehen
im Haupt = Quartier
zu Mannheim, am
21ten Nov. 1795.

Unterzeichnet,
Graf von Wurmser,
General der Kavallerie.

Zusatz

Zusatzartikel

zu der von dem Divisions-General Mott-
taigü, Kommandanten der französischen
Truppen zu Mannheim, dem Herrn
Grafen von Wurmser, kommandirenden General der kaiserlichen Truppen,
vorgeschlagenen Kapitulation.

1. Artikel. Die Besatzung soll keine verdeckte
Wägen haben, und man bezieht sich deshalb
auf den 4ten Artikel, daß alle militärische Effekten ohne Ausnahme, als Kasse, Munition,
Pferde, Kleidung, Lebensmittel ꝛc. aufgezeich-
net, und den dazu ernannten österreichischen
Offizieren und Kommissarien getreulich ausge-
liefert werden sollen.

2. Artikel. Bis zur Vollziehung gegenwärtiger Kapitulation wird man sich wechselsweise
Geiseln geben, nämlich einen Offizier von ho-
hem Range und einen Hauptmann, die morgen um 7 Uhr ausgewechselt werden sollen.

3. Artikel. Morgen frühe wird der französische Kommandant die Zahl der Fuhren angeben, die er zum Transport braucht, und vor
dem Auszuge wird er angeben, wie viel seine
Truppen ausmachen.

4. Ar-

4. Artikel. Die Besatzung wird die österreichischen Ueberläufer ausliefern.

Geschehen
im Haupt - Quartier
vor Mannheim, am
21ten Nov. 1795.

Unterzeichnet,
Graf von Wurmser,
kommandirender General der
österreichischen Truppen.

Montags, den 23ten November.

Unser Erlösungs = Tag ist erschienen, und ein jeder vatterländisch = patriotisch = gesinnter guter Pfälzer, wird heute Gott danken, daß unser liebes
Mannheim befreyet worden ist. Diesen Vormittag um 10 Uhr geschahe der Ausmarsch der ganzen
französischen Garnison, welche sich nach Angabe
des Kommandanten auf 9792 Mann belaufen soll.
Nämlich:

9379 Gemeine.
389 Offizier.
24 Generäl und Flügeladjutanten.

Der deutsche Sieger, Held Wurmser, erlaubte
ihnen den Abzug mit fliegender Fahne und klingendem Spiele, allein gleich vor der Festung mußten
sie

sie das Gewehr strecken, und sich zu Gefangenen
ergeben; nur die Offizier durften ihre Seitenge-
wehre behalten. — Sie sollen in drey Colonnen
nach ihrem Bestimmungsorte transportirt werden.
Bey ihrem Ausmarsche mußten sie über den Schutt
der eingestürzten Häuser gehen, und der Dampf
von den Brandstätten stieg gegen sie auf; denn
durch falsche Berichte, an Herrn General Grafen
von Wurmser, als wenn die Bürgerschaft die
Stadt wollte vertheidigen helfen, ward Mannheim
meistens in Ruin gebracht. Diesen Nachmittag
sind 3 Bataillons Infanterie und eine Eskadron
Husaren in hiesige Stadt eingerückt. Da die zwey
noch stehen gebliebenen Kasernen von den Franzosen
abscheulich zugerichtet worden, so mußten die ein-
gerückten Truppen einstweilen in bürgerliche Häuser
gelegt werden, bis der Unrath ausgefeget ist. Die
Armee des Generals Pichegrü hat sich, durch die
vielen seither erlittenen Niederlagen äusserst ge-
schwächt und muthlos, in die Linien der Queich zu-
rückgezogen. Die kaiserl. Armee, unter den Be-
fehlen des Herrn Grafen von Clairfait, ist ihr bis
in die Nähe von Germersheim und Landau nach-
gezogen, und erstrekt sich von da über Lautern
bis in das Zweybrückische. Noch vor wenig Tagen
ist den Franzosen ein beträchtlicher Artillerietrain
bey Landau weggenommen worden.

Diens-

Dienstags, den 24ten November.

Da bey dem Ausmarsche der pfälzischen Garnison, als Mannheim an die Franzosen übergegan-
gen war, die Kranken und die dazu Kommandirten
zurück geblieben sind, so mußten heute alle diejenigen, die bis dato gesund geworden, aus der Stadt,
und wurden unter kaiserl. Bedeckung zu den übrigen, in dem Odenwalde liegenden pfälzischen Truppen gebracht. Das Hauptquartier des Herrn General Grafen von Clairfait ist zu Frankenthal,
und das des Herrn General Grafen von Wurmser
kommt hieher. Als lezterer heute hier ankam, so
empfieng Ihn der Magistrat und die Stadt-Offi-
ziers am Heidelberger Thore, wo der dermalige
Stadt-Director, Herr Regierungsrath Rupprecht
eine kurze, aber bündige Rede hielt.

Mittwochs, den 25ten November.

Diesen Vormittag um 10 Uhr zog die allhiesige
Garnison, mit türkischer Musik, auf die Stadt-
Wälle, und die ganze vor Mannheim liegende
Belagerungs-Armee rückte aus. Die beeden deut-
schen Helden, Herr Graf von Wurmser und Herr
Graf von Clairfait, begaben sich mit der ganzen
Generalität in die allhiesig katholische Stadt-Pfarr-

G   Kirche,
(

Kirche, wo das Te Deum laudamus gesungen,
und mit grobem und kleinem Geschütze dreymal ge=
feuert wurde. Herr General Graf von **Wurmser**
ist nun hier, und logiert in dem Fürst Bretzenheiml=
schen Pallast.

Donnerstags, den 26ten November.

Heute sind die dahier gelegenen kaiserl. Infante=
rie = Regimenter über den Rhein gegangen, und da=
gegen andere aus dem Lager eingerückt.

Freytags, den 27ten November.

Diesen Morgen ist die vor dem Heidelberger und
Neckar = Thore gestandene kaiserliche Belagerungs=
Armee aufgebrochen. Sie zog mit türkischer Musik
durch hiesige Stadt, zum Rheinthore hinaus, und
über den Rhein, gegen **Neustadt** und **Landau**
zu. Heute früh um 7 Uhr ist Herr General, Graf
von **Clairfait**, mit dem ganzen Haupt = Quartier
von **Frankenthal** weg, und in die Gegend von
Maynz gegangen, weil die französische Sambre=
und Maas=Armee Bewegungen macht, sich auf dem
Hundsrück zusammen zu ziehen. Diesen Mittag
um 12 Uhr wurde dem Herrn General Grafen von
Wurmser ein Wagen mit Haber und ein Faß

Ehren=

Ehren = Wein, in einem feyerlichen Zuge, und in
Begleitung der hiesigen bürgerlichen Schützen=Com=
pagnie, mit klingendem Spiele, von hiesiger Stadt,
zum Geschenke überbracht, welches von Demselben,
zum größten Vergnügen aller redlich gesinnten Bür=
ger, nicht allein sehr gnädig aufgenommen, sondern
auch einige Personen von dem Gefolge zur Mittags=
Tafel gezogen wurden.

Samstags, den 28ten November.

Gestern wurde in der allhiesigen Zeitung folgen=
des bekannt gemacht. — Mannheim, den 27ten
November 1795.

Die in dem vorigen Stücke dieser Zeitung ein=
gerückte Kapitulation vom 22ten dieses, ent=
hält in dem 8ten Artikel, den von Seiten des
französischen Kommandanten gemachten An=
trag: — „ die Churfürstl. Regierung, der
„ Magistrat und die Einwohnerschaft, sollten
„ wegen der Uebergabe der Stadt an die Fran=
„ zosen nicht zur Verantwortung gezogen wer=
„ den. “ — Zu Beseitigung des etwa hieraus
erfolgenden Mißverständnisses oder sonstiger wi=
drigen Schlußfolgen, wird hiemit erkläret,
daß weder die Churfürstl. Regierung, noch der

G 2   Magi=

Magiſtrat, noch die Einwohnerſchaft, an die:
ſem Antrag, ſo wie an der wegen Uebergabe
der Stadt an die Franzoſen geſchloſſenen Kapi=
tulation einen Antheil gehabt haben.

Von Churfürſtl. Regierungs wegen.

Heute wurde auch mit Demolirung der kaiſerli=
chen Batterien und Trenchéen vor dem Heidelberger
und Neckar = Thore, welche zur Belagerung unſerer
Stadt gebraucht wurden, der Anfang gemacht.

Sonntags, den 29ten November.

Der heutige erſte heilige Advents-Sonntag wurde
von der allhieſig Evangeliſch=Lutheriſchen Gemeinde,
zu einem Buß = Beth = und Faſttag angeſtellet, und
Morgens um 9 Uhr von dem würdigen beynahe 70=jäh=
rigen Greis, Herrn Conſiſtorial=Rath Liſt, Mittags
um 1 Uhr von dem Herrn Stadt=Vikarius Lamey
und um 3 Uhr von dem Herrn Pfarrer Wittich,
über vorgeſchriebene Terte, erbauliche Predigten
gehalten. Hier muß ich aber, leider! bemerken,
daß, ohnerachtet auch die reformirte Gemeinde ihr
Gotteshaus durch den Brand verlohren, und wir
alle einen Gott anbethen, dieſe dreymalige Gottes=
dienſte ſehr ſchlecht beſucht wurden.

———————— ————————

Laut

Laut eingezogenen Nachrichten sollen in unsere
Stadt und Festung gekommen seyn:

Zwanzig tausend große Kanonen = Kugeln.
Sechs tausend kleinere.
Zwey tausend, sieben hundert Haubitzen, und
Ein tausend, sieben hundert und achtzig Bomben.

Da nun in der ganzen Stadt nicht mehr als vier=
zehn ganz unbeschädigte Häuser seyn sollen, so ist
leicht zu berechnen, welchen entsetzlichen Schaden
Mannheim gelitten. Denn schon im Jahre 1784
wurden allhier gezählet:

    12 Kirchen und Klöster;
     8 Pfarr =
    18 Schul = und
  1579 bürgerliche Häuser;
    30 gemeinstädtische Gebäude, und
    75 Scheuern,

welche Zahl sich aber bis dato um vieles vermehret
hat. Da der Schutt von den eingestürzten Häu=
sern noch nicht weggeraumet ist, so kann die Zahl
der verunglückten Personen noch nicht angegeben
werden.

Dies

Dies ist nun die kurze Geschichts = Erzählung von Mannheim's traurigem Schicksale, und ich kann mein Tagebuch mit nichts bessers beschließen, als mit den Austritts=Worten eines würdigen Evangelischen Predigers am lezten Bußtage:

Ach, daß wir Friede hätten!

―――――――――+――――――――

Anhang.

Anhang.

Folgende Nachricht aus Maynz ist sehr wichtig, indem in dieser Stadt ein ausführliches Verzeichniß von der ganzen Beute erschienen, welche am 29ten October durch den großen Sieg der Kaiserlichen erobert wurde, daher ich sie meinem Tagebuch noch beyfügen will. — Diese beträgt:

133 Kanonen,
3000 Zentner Pulver,
560 Wägen mit Munition und Gepäck,
11000 große und
8000 kleinere Kanonenkugeln,
1000 Ochsen,
1000 Kühe,
5000 Hammel,
3000 Schweine,
14000 Säcke Mehl und Getraide, mehrere 1000 Säcke Reis und viele viele 100 Fässer mit offenem und geräuchertem Fleische, eine Menge Zucker und Kaffee, nebst Schokolade; ferner die ganze Feld-Apotheke und viele chirurgische Instrumente; viele 1000 Flinten, Säbel und Pistolen; einige 1000 Fässer Wein und Branntewein; den Wagen Merlin's, welchen die Rothmäntler in vollem Laufe eingeholt haben. In diesem fand man

die

—) o (—

...e ganze höchſt wichtige Korreſpondenz deſſelben, die ſogleich verſiegelt und nach Wien geſchickt wurde; auſſer dieſem noch einen andern Wagen, auf welchem ſich alle Plane der franzöſiſchen und niederländiſchen Feſtungen, nebſt einer Kriegsbibliothek befanden. Es waren ferner viele 1000 der ſchönſten Reit = und Zugpferde; ein groſſer Vorrath von weiſſen, blauen und rothen Tüchern, 12,000 Paar Schuhe und eine Menge Stiefel; etliche 1000 lederne Hoſen für die Offiziere, und mehrere 1000 Pelz = und Ueberröcke; an baarem Gelde eine Million, und an Münzen, Gefäßen, Uhren, Juwelen und andern Koſtbarkeiten, alles gering gerechnet, zwey Millionen; eine erſtaunliche Menge kupfernes Feldgeſchirr; 3000 Matratzen und 2000 Hüte; 3000 Stück Flanell; Oel, Seife, und eine Menge anderer Sachen, wovon man ein bogenlanges Verzeichniß machen könnte.